Méthode de français

FRANCE-TROTTEURS

Hong Nga Danilo
Brunhilde Jacob

Livre de l'élève

Niveau
1

samir

Crédits photographiques :

Couverture (g) : Phovoir Images – **couverture** (d) : Rana Massad – **p. 9** (m) : Rana Massad – **p. 13** (hg, hd, bg, bd) : Rana Massad – **p. 16** (hg, hm) : Bigstock – **p. 16** (hd) : Rana Massad – **p. 16** (bg, bm) : Ingram – **p. 16** (bd) : Shutterstock – **p. 17** (hg, hd) : Rana Massad – **p. 17** (bg, bm) : Bigstock – **p. 20** (g, d) : Rana Massad – **p. 21** (g, d) : Rana Massad – **p. 22** (h) : © Patrick Pleul / dpa / Corbis – **p. 22** (hm, bm) : Phovoir Images – **p. 22** (b) : © Owen Franken / Corbis – **p. 23** (m) : Rana Massad – **p. 27** : Bigstock – **p. 30** (g, mg, md, d) : Rana Massad – **p. 31** (hg, hd) : Rana Massad – **p. 31** (bg, bd) : Shutterstock – **p. 31** (bmg) : Corbis – **p. 31** (bm, bmd) : iStock – **p. 34** (g, d) : Rana Massad – **p. 35** (bd) : Shutterstock – **p. 36** (g) : © dea / Diego M. Rossi / Getty Images – **p. 36** (hm) : © Fred de Noyelle / Godong / Corbis – **p. 36** (bm, d) : Phovoir Images – **p. 37** (m) : Corbis – **p. 40** (g, mg) : Comstock – **p. 40** (md) : PhotoDisc – **p. 40** (d) : Ingram – **p. 41** (g) : Shutterstock – **p. 41** (mg) : Ingram – **p. 41** (m, d) : Bigstock – **p. 41** (md) : PhotoDisc – **p. 43** (hg) : © Loïc Venance / Staff / AFP / Getty Images – **p. 43** (hd) : © EyesWideOpen / Contributor / Getty Images – **p. 43** (hmg) : © Loïc Venance / Staff / AFP / Getty Images – **p. 43** (hmd) : © Stéphane de Sakutin / Stringer / AFP / Getty Images – **p. 43** (bmg) : Corbis – **p. 43** (bmd, bd) : Bigstock – **p. 43** (bg) : © Jacques Demarthon / Staff / AFP / Getty Images – **p. 44** (hg, bg, bd) : iStock – **p. 44** (hd) : Shutterstock – **p. 45** : Rana Massad – **p. 47** : Shutterstock – **p. 48** (hg, hmg) : PhotoDisc – **p. 48** (hm, hmd) : Shutterstock – **p. 48** (hd) : Digital Vision – **p. 48** (bg, bm, bd) : Shutterstock – **p. 48** (bmg) : iStock – **p. 48** (bmd) : Bigstock – **p. 49** (g, d) : Rana Massad – **p. 50** (hg) : © René Mattes / Hemis / Corbis – **p. 50** (hd) : iStock – **p. 50** (hmg, bmg) : PhotoDisc – **p. 50** (hmd) : Dreamstime – **p. 50** (bmd) : Phovoir Images – **p. 50** (bg, bd) : iStock – **p. 51** (m) : Rana Massad – **p. 54** (h, bmd) : Ingram – **p. 54** (bg) : Shutterstock – **p. 54** (bmg, bd) : Bigstock – **p. 55** (h, b) : Rana Massad – **p. 58** (hg, hmg, hmd, hd) : Rana Massad – **p. 58** (mg, mmg, mmd, md) : iStock – **p. 58** (bm, bg) : Bigstock – **p. 58** (bmg, bmd) : Shutterstock – **p. 58** (bd) : Ingram – **p. 59** (g, d) : Rana Massad – **p. 62** (hg, hmg, hmd, hd, bmg, bd) : iStock – **p. 62** (bmd) : Bigstock – **p. 63** (h, bg, bd) : Rana Massad – **p. 64** (de la confiture, un jus d'orange, une salade, un yaourt aux fruits, une tartine de chocolat, une barre de céréales, des biscuits) : iStock – **p. 64** (des cornflakes, du lait, une pomme) : Comstock – **p. 64** (un œuf, un croissant) : Ingram – **p. 64** (du hachis Parmentier) : © Rivière / photocuisine / Corbis – **p. 64** (une blanquette de veau) : © Murtin / SoFood / Corbis – **p. 64** (une mousse au chocolat) : © Nikouline / photocuisine / Corbis – **p. 64** (une soupe) : © Shift Foto / Bridge / Corbis – **p. 64** (du fromage) : © Bagros / photocuisine / Corbis – **p. 64** (un steak frites, une crème brûlée) : Phovoir Images – **p. 64** (du poulet et des légumes) : © Maja Smend / StockFood Creative / Getty Images – **p. 64** (du poisson et du riz) : © Paul Poplis / StockFood Creative / Getty Images – **p. 65** (m) : Rana Massad – **p. 68** (hg) : PhotoDisc – **p.68** (hd, bd) : iStock – **p. 68** (bg) : Dreamstime – **p. 69** (g, hd, bd) : Rana Massad – **p. 69** (hm) : Bigstock – **p. 73** (hg, hd, bg, bd) : Rana Massad – **p. 77** (l'avion) : Ingram – **p. 77** (la voiture) : © Renault – **p. 77** (bg, bd) : Rana Massad – **p. 78** (hg) : © Jim Zuckerman / Corbis – **p. 78** (hd) : © Hisham Ibrahim / Photodisc / Getty Images – **p. 78** (hmg) : © James P. Blair / National Geographic / Getty Images – **p. 78** (hmd, bmd, bg) : Corbis – **p. 78** (bmg) : © Nik Wheeler / Corbis – **p. 78** (bd) : © Sebastien Desarmaux / Godong / Corbis – **p. 79** (m) : Shutterstock – **p. 82** (hg, hd, bg, bd) : Rana Massad – **p. 83** (hg, hd, bg, bd) : Rana Massad – **p. 86** (hg, mg, bmg, bmd) : iStock – **p. 86** (hd, bg) : Shutterstock – **p. 86** (md) : PhotoDisc – **p. 87** (hg, hd, b) : Rana Massad – **p. 90** (hg) : brandXpictures – **p. 90** (hm) : Comstock – **p. 90** (mg) : © Daniel Garcia / Staff / AFP /Getty Images – **p. 90** (md) : Corbis – **p. 90** (bg) : Corbis – **p. 90** (bd) : © RMN / Jean-Gilles Berizzi – **p. 91** (hg, hd, bg, bd) : Rana Massad – **p. 92** (hg) : Phovoir Images – **p. 92** (hm) : © cultura / Corbis – **p. 92** (hd) : © Chip Simons / Getty Images – **p. 92** (mg) : © Heide Benser / Corbis – **p. 92** (mm) : © Image Source / Getty Images – **p. 92** (md) : © Simon Marcus / Corbis – **p. 92** (bg) : © Onne van der Wal / Corbis – **p. 92** (bm) : Stockbyte / Getty Images – **p. 92** (bd) : © Tomas Rodriguez / Corbis.

Conception : Samir Éditeur
Direction éditoriale : Marwan Abdo-Hanna, avec l'aide de Muriel Vandeventer
Direction prépresse : Nataly Abou Nader
Coordination éditoriale : Mathilda Wehbé, Marwan El-Ahdab
Direction artistique et conception graphique : Chantal Coroller
Illustration : Karim Al-Dahdah Illustration Studio
Maquette : Maro Antablian, Georgina Nader

©samiréditeur 2010 – Sin al-Fil, Jisr al-Waty, B.P. 55542 Beyrouth, LIBAN - ISBN 978-9953-31-260-6
www.samirediteur.com

Achevé d'imprimer sur les presses de Dar El Kotob – Dots à Beyrouth, juin 2011

Avant-propos

France-Trotteurs est une méthode de français sur 4 niveaux destinée aux enfants et préadolescents de 8 à 13 ans. Elle correspond aux niveaux A1.1, A1.2, A2 et B1 du Cadre européen commun de référence (CECR) pour les langues.

France-Trotteurs est une méthode dynamique et originale. Elle s'inscrit pleinement dans la perspective actionnelle basée sur des tâches et axée particulièrement sur les centres d'intérêt des élèves. Facile à utiliser, elle propose des contenus pragmatiques avec une progression en spirale permettant aux élèves d'acquérir rapidement les aptitudes nécessaires.

France-Trotteurs a pour héros et mascotte Félix, un drôle de robot aventurier et voyageur, créateur et guide du club France-Trotteurs. Dans son club, tous les membres sont de jeunes globe-trotteurs, originaires des quatre coins de la planète, qui se retrouvent sur Internet pour discuter en français et organiser des voyages à travers la France et les pays francophones.

NIVEAU 1

Le niveau 1 s'adresse aux élèves débutants qui commencent à apprendre le français à partir de l'âge de 8 ans. Il correspond au niveau A1.1 du Cadre européen commun de référence (CECR) pour les langues et couvre environ 60 heures d'enseignement.

Le niveau 1 met en scène de nombreux personnages. Félix a élu domicile à Rennes, en France, chez Manon, une élève de CM1. Les apprenants y découvriront le monde de Manon, sa famille, ses amis, son école et ses loisirs, et assisteront aux préparatifs des aventures du club France-Trotteurs.

Le niveau 1 propose quatre outils de travail :

> **Le livre** permet aux apprenants d'acquérir progressivement les notions de base du français grâce à des activités orales ludiques et interactives.

> **Le cahier d'activités** présente les mêmes points que ceux du livre à travers des activités écrites claires et captivantes. Des projets, proches de ceux que l'on peut réaliser dans la vie réelle, répondent aux principes de la perspective actionnelle. Un bilan à la fin de chaque unité permet de faire le point sur ce qui a été acquis et sur ce qui reste à consolider, et également de constituer son portfolio. À la fin du cahier, quelques activités d'entraînement au DILF sont proposées pour permettre aux apprenants de connaître les quatre compétences évaluées et de se familiariser avec les épreuves.

> **Les deux CD audio** apportent une aide précieuse aux apprenants désireux de se familiariser avec les sons du français et de s'entraîner pour une meilleure compréhension orale.

> **Le guide pédagogique**, destiné à l'enseignant, téléchargeable sur www.samirediteur.com, est organisé par périodes de 60 minutes. Il exploite tous les outils de la méthode, donne la solution des exercices ainsi que de nombreux conseils et points culturels.

Bon voyage avec France-Trotteurs !
Les auteurs

Tableau des contenus

Niveau 1

	Unité 1 La rentrée des classes	Unité 2 Une semaine à l'école	Unité 3 Joyeuses fêtes
Communication	– Saluer / prendre congé – Me présenter – Présenter un(e) ami(e) – Épeler un prénom – Poser des questions sur l'identité de quelqu'un – Identifier un objet et son utilisation – Dire combien ça coûte – Remercier / s'excuser	– Parler de mon emploi du temps – Dire ce que j'aime ou n'aime pas – Dire et demander poliment l'heure et la date – Raconter ma journée – Dire et demander la date d'anniversaire – Écrire une carte d'invitation – Souhaiter bon anniversaire	– Dire ce que j'aime faire – Demander à quelqu'un ce qu'il aime faire – Exprimer la préférence – Apprécier – Décrire une personne – Parler du temps – Poser des questions avec *où* et *comment* – Demander et indiquer un itinéraire – Écrire une carte de vœux
Vocabulaire	– Des mots simples pour saluer, remercier, s'excuser… – La famille et les amis – Les fournitures scolaires – La classe, l'âge – Les nombres de 1 à 20	– Les jours de la semaine, les mois et les saisons – Les matières scolaires – Les activités quotidiennes – Les nombres de 20 à 60 – L'heure	– Les activités extrascolaires – La description physique – Les moyens de transport – Les directions – La météo – Les couleurs – Les boissons – Les animaux – Les nombres de 60 à 80
Grammaire	– Les phrases interrogatives simples – Le genre et le nombre des noms – Les articles définis et indéfinis – Les pronoms *on* / *nous* – Le présent des verbes du 1er groupe et des verbes courants : *être, avoir, s'appeler, aller, écrire*	– Les adjectifs possessifs – Les mots interrogatifs – La négation : *ne… pas* – Les pronoms *tu* / *vous* – Le conditionnel pour demander poliment : *pourrais-tu… / pourriez-vous…* – Le présent des verbes du 1er groupe et des verbes courants : *se réveiller, faire, prendre, pouvoir, vouloir, dormir* – *Être en train de…*	– Les adjectifs masculin / féminin – Les noms au pluriel – Les articles contractés – La négation : *ne… pas* – Les prépositions *en, à* – Le présent des verbes pronominaux du 1er groupe et des verbes *devoir, voir, savoir* et *dire* – Le conditionnel pour exprimer un souhait : *j'aimerais…*
Phonétique	– L'alphabet : les voyelles et les consonnes – Les syllabes	Les sons – [i], [a], [œ], [ø] – [p], [b], [f], [v]	Les sons – [ə], [y], [e], [ɛ] – [t], [d], [s], [z]
Chansons / Poèmes	Ma tribu Pour aller à l'école Bonjour	Ma semaine arc-en-ciel Quelle heure est-il ? Joyeux anniversaire	Mes amis Les saisons Vive Paris !
Culture et Civilisation	Les écoles en France	Les vacances scolaires en France métropolitaine	Des sites en France
Projet	Nos étiquettes à bagages	Notre calendrier des anniversaires	Notre album de France
Page	9	23	37

Leçon 0		Page
Objectifs	– Se familiariser avec les pictogrammes du manuel – Connaître l'alphabet et les nombres en français – Apprendre les mots souvent utilisés en classe	7

Unité 4 Au lit... en ville	Unité 5 Le club France-Trotteurs	Unité 6 Vive les vacances !
– Décrire mon état de santé – Exprimer la souffrance physique – Poser la question *tu as mal à... ?* *pourquoi tu as... ?* – Faire les courses et dire ce que j'ai acheté – Donner des ordres – Demander poliment quelque chose – Écrire un petit message – Lire et écrire un mail	– Demander à quelqu'un son avis – Donner mon avis, conseiller – Présenter quelqu'un : sa nationalité, son lien avec moi – Lire une fiche d'inscription et écrire pour décrire quelqu'un	– Exprimer ma déception, ma certitude – Poser la question *pourquoi...* – Répondre pour expliquer *parce que...* – Parler des vacances : où j'irai, ce que je ferai... – Exprimer un souhait – Dire l'année : *en...* – Écrire un mail pour raconter mes vacances
– Les parties du corps – Les sensations – Le matériel médical – Les positions : *assis(e), debout* – Les aliments – Les magasins – Les nombres de 80 à 100	– Les pays – Les continents – Les nationalités – Le voyage de rêve : les villes et les sites à visiter – Les nombres ordinaux	– Les lieux – Les loisirs et les distractions – Les activités pendant les grandes vacances – Les relations familiales – Les nombres : 100, 1000 et plus
– La négation : *ne... pas* – Le pluriel des noms : *s* ou *x* ? – Les partitifs *du, de la, des* – Le futur proche – L'impératif – Le passé composé – Le conditionnel pour demander poliment : *je voudrais...*	– Les adjectifs démonstratifs – La négation : *ne... rien*, *ne... personne*, *ne... plus* – Les comparatifs : *plus... que, moins... que* – Les prépositions de lieu : *en, au, à* – Le passé récent – Le passé composé des verbes pronominaux du 1er groupe – Le conditionnel des verbes *aimer*, *vouloir* et *pouvoir*	– Le contraire des adjectifs – Le pluriel des noms en *-al* : *-als / -aux* – La négation : *ne... pas de* – Le futur simple – Les indicateurs de temps : *il y a*, *depuis, dans*
Les sons – [y], [u], [o], [ɔ] – [ʀ], [l], [ʃ], [ʒ]	Les sons – [a], [ɑ̃], [ɔ], [ɔ̃], [ɛ], [ɛ̃] – [k], [g], [ˈ], [-]	Les sons – [w], [j], [ɥ] – [m], [n], [ɲ], [ŋ]
Aïe, aïe, aïe La maladie des animaux Zut, zut et flûte !	Globe-trotteur Qui parle français ? Plus ou moins	Les notes Vote ! L'école est finie
Les repas en France	Des pays francophones	Les activités en été
Les repas en France et chez nous	Le tour des pays francophones	Nos vacances !
51	65	79

⇒ Ton livre se compose de 6 unités.
Chaque unité compte 14 pages

1 page pour le contrat d'apprentissage

12 pages pour 3 leçons > chaque leçon compte 4 pages et propose

les activités suivantes :

⇒ **Je découvre** > pour prendre contact avec le thème

⇒ **Je m'entraîne** > pour acquérir les outils linguistiques nécessaires à l'accomplissement du projet

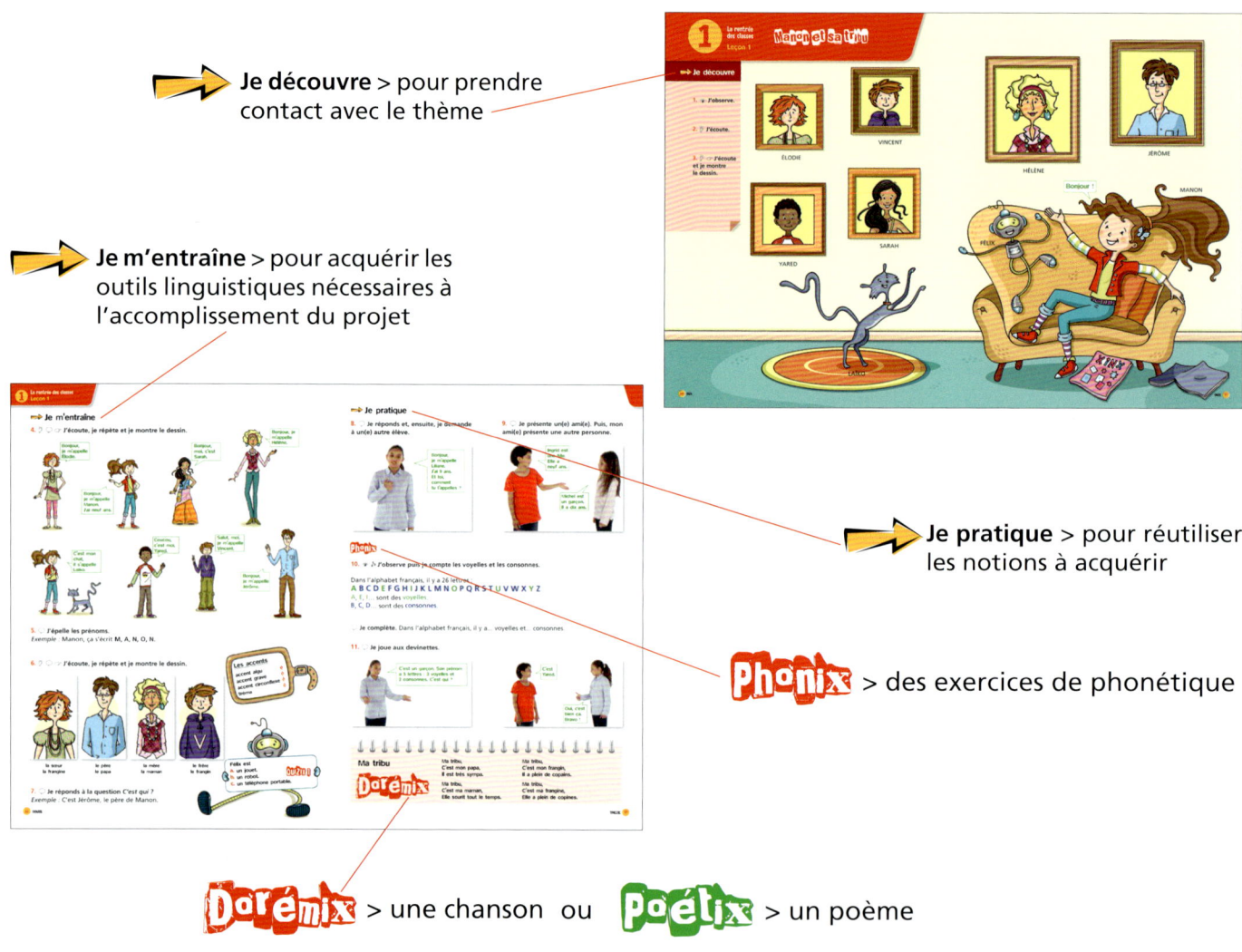

⇒ **Je pratique** > pour réutiliser les notions à acquérir

⇒ **Phonix** > des exercices de phonétique

Dorémix > une chanson ou **Poétix** > un poème

1 page de civilisation > **CIVIX** pour mieux connaître la France et le monde francophone.

⇒ Les pictogrammes > pour mieux comprendre les consignes.

☑ Je coche   🎨 Je colorie   ¹₂³ Je compte   👁 J'écoute   ✏ J'écris   ↺ J'entoure

📖 Je lis   ☞ Je montre   👁 J'observe   💬 Je parle   ⸬ Je relie   **A** Je souligne

➡️ L'alphabet

A a	B b	C c	D d	E e	F f	G g	H h	I i
J j	K k	L l	M m	N n	O o	P p	Q q	R r
S s	T t	U u	V v	W w	X x	Y y	Z z	

➡️ Les nombres

0 zéro	1 un	2 deux	3 trois	4 quatre	5 cinq
6 six	7 sept	8 huit	9 neuf	10 dix	11 onze
12 douze	13 treize	14 quatorze	15 quinze	16 seize	17 dix-sept
18 dix-huit	19 dix-neuf	20 vingt	21 vingt et un	22 vingt-deux	23 vingt-trois
24 vingt-quatre	25 vingt-cinq	26 vingt-six	27 vingt-sept	28 vingt-huit	29 vingt-neuf
30 trente	40 quarante	50 cinquante	60 soixante	70 soixante-dix	80 quatre-vingts
81 quatre-vingt-un	90 quatre-vingt-dix	100 cent	200 deux cents	1000 mille	2000 deux mille

Venez chanter l'alphabet :
A, B, C, D, E, F, G,
H, I, J, K, L, M, N,
O, P, Q, R, S, T, U,
V, W, X, Y, Z.

Venez chanter les nombres :
1, 2, 3, 4, 5, 6, 7,
8, 9, 10, 11, 12 et 13,
14, 15, 16, 17,
18, 19 et 20.

Les mots de la classe

Leçon 1 > Manon et sa tribu **p. 10**

➡ Je vais apprendre à…

1. Écouter
– quelqu'un qui se présente,
– des questions sur mon nom, mon âge et ma classe,
– la liste des fournitures scolaires,
– des amis qui se saluent.

2. Parler
– pour me présenter et présenter quelqu'un,
– pour répondre à des questions simples,
– pour présenter les fournitures scolaires,
– pour saluer, remercier, m'excuser.

3. Lire
– des mots simples,
– des phrases courtes et simples,
– un petit texte de présentation.

4. Écrire
– pour me présenter,
– pour dire ce que j'ai dans mon cartable,
– pour parler de quelqu'un ou de quelque chose.

Leçon 2 > Un cartable bien chargé **p. 14**

CIVIX 1 > Les écoles en France **p. 22**

Leçon 3 > Les retrouvailles **p. 18**

PROJÉTIX 1

NOS ÉTIQUETTES À BAGAGES

Cahier > p. 17

1 La rentrée des classes

Leçon 1

Manon et sa tribu

⟹ Je découvre

1. 👁 **J'observe.**

2. 👂 **J'écoute.**

3. 👂 ☞ **J'écoute et je montre le dessin.**

ÉLODIE

VINCENT

YARED

SARAH

LAÏKO

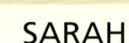

HÉLÈNE

JÉRÔME

MANON

Bonjour !

FÉLIX

➡️ **Je m'entraîne**

4. 👂 💬 ☞ J'écoute, je répète et je montre le dessin.

Bonjour, je m'appelle Élodie.

Bonjour, je m'appelle Manon. J'ai neuf ans.

Bonjour, moi, c'est Sarah.

Bonjour, je m'appelle Hélène.

C'est mon chat, il s'appelle Laïko.

Coucou, c'est moi, Yared.

Salut, moi, je m'appelle Vincent.

Bonjour, je m'appelle Jérôme.

5. 💬 J'épelle les prénoms.
Exemple : Manon, ça s'écrit **M, A, N, O, N.**

6. 👂 💬 ☞ J'écoute, je répète et je montre le dessin.

| la sœur | le père | la mère | le frère |
| la frangine | le papa | la maman | le frangin |

Les accents
accent aigu   é
accent grave   è
accent circonflexe   ê
tréma   ë

Félix est
a. un jouet.
b. un robot.
c. un téléphone portable.

QUIZIX 1

7. 💬 Je réponds à la question *C'est qui ?*
Exemple : C'est Jérôme, le père de Manon.

➡️ Je pratique

8. 💬 Je réponds et, ensuite, je demande à un(e) autre élève.

> Bonjour, je m'appelle Liliane. J'ai 9 ans. Et toi, comment tu t'appelles ?

9. 💬 Je présente un(e) ami(e). Puis, mon ami(e) présente une autre personne.

> Ingrid est une fille. Elle a neuf ans.

> Michel est un garçon. Il a dix ans.

Phonix

10. 👁 ₂¹₃ J'observe puis je compte les voyelles et les consonnes.

Dans l'alphabet français, il y a 26 lettres :
A B C D E F G H I J K L M N O P Q R S T U V W X Y Z
A, E, I… sont des voyelles.
B, C, D… sont des consonnes.

💬 **Je complète.** Dans l'alphabet français, il y a… voyelles et… consonnes.

11. 💬 Je joue aux devinettes.

> C'est un garçon. Son prénom a 5 lettres : 3 voyelles et 2 consonnes. C'est qui ?

> C'est Yared.

> Oui, c'est bien ça. Bravo !

Ma tribu

Ma tribu,
C'est mon papa,
Il est très sympa.

Ma tribu,
C'est ma maman,
Elle sourit tout le temps.

Ma tribu,
C'est mon frangin,
Il a plein de copains.

Ma tribu,
C'est ma frangine,
Elle a plein de copines.

Un cartable bien chargé

➡ Je découvre

1. 👁 J'observe.

2. 💡 J'écoute.

3. 💡 ☞ J'écoute et je montre le dessin.

Voilà la liste !

⇒ Je m'entraîne

4. 💡 💬 ☞ J'écoute, je répète et je montre le dessin.

un crayon   une trousse   un cahier   une règle

un classeur   une paire de ciseaux   une gomme   un stylo

5. 💬 Je transforme les phrases (singulier ▷ pluriel).
Exemple : C'est **un** cahier. ▷ Ce sont **des** cahiers.

6. 💬 Je transforme les phrases (un, une, des ▷ le, la, les).
Exemple : C'est **un** cahier. ▷ C'est **le** cahier de Manon.

7. 💬 Je fais des phrases.
Exemple : À quoi ça sert, un stylo ? ▷ Ça sert à écrire.

Les articles indéfinis
un   une
     des
C'est un...
C'est une...
Ce sont des...

Les articles définis
le   la   les
C'est le... de...
C'est la... de...
Ce sont les... de...

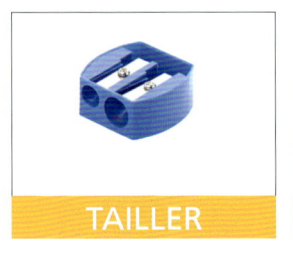

TAILLER

GOMMER

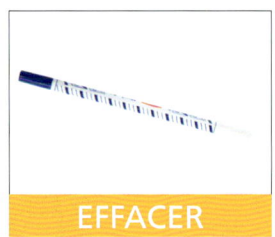

EFFACER

DESSINER

COUPER

COLLER

Félix peut aller
a. au parc.
b. au supermarché.
c. à l'école.

QUIZIX 2

➡ Je pratique

8. 💬 Je joue au jeu de Kim.

C'est la gomme de Stéphane. Ça sert à gommer.

9. 💬 Je joue à *Combien ça coûte ?*

 | 2€

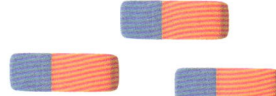 | 1€

 | 3€

Phonix

10. 👂 👁 J'écoute et j'observe.

le mot	à l'écrit 👁	à l'oral 👂
chat	1 syllabe : chat	1 syllabe : cha(t)
frère	2 syllabes : frè-re	1 syllabe : frèr(e)
Élodie	3 syllabes : É-lo-die	3 syllabes : É-lo-di(e)

11. 👂 💬 J'écoute et je répète en tapant des mains.

père, mère, sœur, frère, un, une, chat, école, gomme, dico, ciseaux, règle

Pour aller à l'école

Il me faut un stylo,
Une règle, des ciseaux
Et un bâton de colle
Pour aller à l'école.

Il me faut des classeurs,
Une trousse, un effaceur
Et un bâton de colle
Pour aller à l'école.

Il me faut un crayon,
Une gomme, un taille-crayon
Et un bâton de colle
Pour aller à l'école.

Les retrouvailles

➡ Je découvre

1. 👁 J'observe.

2. 👂 J'écoute.

3. 👂 ☞ J'écoute et je montre qui parle.

Salut Sarah !

Salut !

Salut Manon !

Je m'entraîne

4. J'écoute, je répète et je montre le dessin.

5. Je joue, avec 3 camarades, la scène de l'exercice 4.

6. Je joue et je mime.

On et Nous

On = Nous

On a 9 ans.
Nous avons 9 ans.

On est en CM1.
Nous sommes en CM1.

Félix va à l'école pour
a. faire du sport.
b. aider Manon.
c. apprendre le français.

QUIZIX 3

7. Je fais des phrases avec *On*.
Exemple : ▷ **On** écoute.

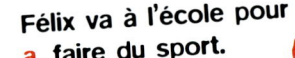

⇒ Je pratique

8. 💬 Je joue avec mes ami(e)s.

9. ☞ 💬 Je montre une photo de ma famille à un(e) camarade et je joue la scène.

Exemple : C'est qui, elle ? ▷ C'est ma sœur.

Elle s'appelle comment ? ▷ Elle s'appelle Élodie.

Elle a quel âge ? ▷ Elle a 14 ans.

Phonix

10. 💡 👁 J'écoute et j'observe.

le mot	à l'écrit 👁	à l'oral 👂
salut	2 syllabes : sa-lut	2 syllabes : sa-lu(t)
homme	2 syllabes : hom-me	1 syllabe : (h)om(me)
cartable	3 syllabes : car-ta-ble	2 syllabes : car-tabl(e)

11. 💡 💬 J'écoute et je répète en tapant des mains.

femme, garçon, fille, chat, bonjour, coucou, pardon, merci, bientôt, livre, classeur, dico

Bonjour

Bonjour mon ami,
Comment ça va ?
Pas mal, merci.
Comme ci, comme ça.

Bonjour mon amie,
Quel est ton prénom ?
Je m'appelle Lydie,
Je suis une fille.

Bonjour mon ami,
Quel est ton prénom ?
Je m'appelle Rémi,
Je suis un garçon.

Et toi, dis-moi,
Comment tu t'appelles ?
Je m'appelle Nicolas,
J'aime mon papa.

Et toi, dis-moi,
Comment tu t'appelles ?
Je m'appelle Flora,
J'aime le chocolat.

Salut les copains,
Nous sommes en CM1,
Comptons en français,
De un jusqu'à vingt.

l'école maternelle
de 2 à 6 ans

TPS :	très petite section	2-3 ans
PS :	petite section	3-4 ans
MS :	moyenne section	4-5 ans
GS :	grande section	5-6 ans

l'école élémentaire
de 6 à 11 ans

CP :	cours préparatoire	6-7 ans
CE1 :	cours élémentaire 1re année	7-8 ans
CE2 :	cours élémentaire 2e année	8-9 ans
CM1 :	cours moyen 1re année	9-10 ans
CM2 :	cours moyen 2e année	10-11 ans

le collège
de 11 à 15 ans

6e :	sixième	11-12 ans
5e :	cinquième	12-13 ans
4e :	quatrième	13-14 ans
3e :	troisième	14-15 ans

le lycée
de 15 à 18 ans

2nde :	seconde	15-16 ans
1re :	première	16-17 ans
Tle :	terminale	17-18 ans

Leçon 4 > L'emploi du temps **p. 24**

➡ **Je vais apprendre à…**

1. Écouter
– la liste des matières scolaires,
– quelqu'un qui s'exprime sur ce qu'il aime ou ce qu'il déteste,
– des questions sur le temps (jour, date, heure, saison),
– quelqu'un qui parle de ses activités quotidiennes.

2. Parler
– pour exprimer mes goûts,
– pour demander et donner l'heure, le jour et la date,
– pour demander poliment à quelqu'un de faire quelque chose,
– pour souhaiter bon anniversaire à quelqu'un,
– pour compter de 20 à 60.

3. Lire
– des mots simples,
– l'heure et un calendrier,
– une carte d'invitation.

Leçon 5 > Une journée ordinaire **p. 28**

4. Écrire
– pour exprimer mes goûts,
– pour raconter ce que je fais dans la journée,
– pour inviter quelqu'un à mon anniversaire.

CIVIX 2 ◊ Les vacances scolaires en France métropolitaine **p. 36**

Leçon 6 > Joyeux anniversaire **p. 32**

PROJÉTIX 2

NOTRE CALENDRIER
DES ANNIVERSAIRES

Cahier > p. 32

L'emploi du temps

➡ Je découvre

1. 👁 J'observe.

2. 👂 J'écoute.

3. 👂 ☞ J'écoute et je montre le dessin.

Je suis Madame Perrot, votre maîtresse. Voici notre emploi du temps.

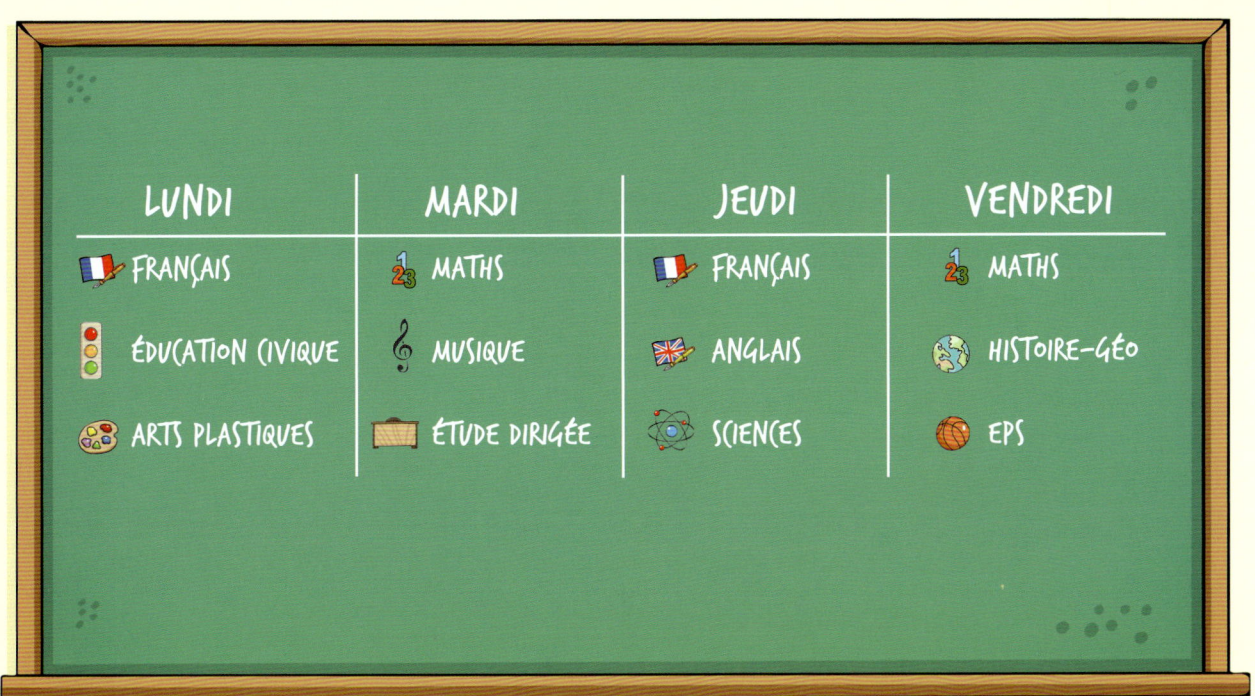

LUNDI	MARDI	JEUDI	VENDREDI
FRANÇAIS	MATHS	FRANÇAIS	MATHS
ÉDUCATION CIVIQUE	MUSIQUE	ANGLAIS	HISTOIRE-GÉO
ARTS PLASTIQUES	ÉTUDE DIRIGÉE	SCIENCES	EPS

Oh, je n'aime pas les sciences !

Moi, j'adore les maths !

➡ Je m'entraîne

4. 💡 💬 ☞ J'écoute, je répète et je montre le dessin.

Vous êtes en CM1 cette année.

Pourriez-vous répéter, s'il vous plaît ?

Voici notre emploi du temps.

Je suis Madame Perrot, votre maîtresse.

Moi, j'adore les maths, les sciences et la musique !

Le vendredi, nous avons maths, histoire-géo et EPS.

Le lundi, nous avons français, éducation civique et arts plastiques.

Oh ! Je n'aime pas les sciences. Ça m'ennuie !

5. 💬 Je dis ce que j'aime.
Exemple : Moi, j'aime... ♥ / Moi, j'adore... ♥ ♥

6. 💬 Je dis ce que je n'aime pas.
Exemple : Moi, je **n'**aime **pas**... ✗ / Moi, je déteste... ✗✗

Les jours de la semaine
lundi
mardi
mercredi
jeudi
vendredi
samedi ⎤
dimanche ⎦ le week-end

7. ₂¹₃ 💬 Je compte de 20 à 60 et je dis l'heure.
20, 21, 22... 32, 33, 34... 45, 46, 47... 58, 59, 60.

Il est huit heures dix.

Il est onze heures moins le quart.

Il est neuf heures et quart.

Il est midi.

Il est sept heures et demie.

Il est minuit.

Félix est champion en
a. maths.
b. EPS.
c. français.

QUIZIX 4

➡️ Je pratique

LUNDI	MARDI	JEUDI	VENDREDI
FRANÇAIS ♥ 🇫🇷	MATHS ♥ ♥	SCIENCES ♥ ♥ ⚛️	FRANÇAIS ♥ 🇫🇷
MUSIQUE ♥ ♥ 🎼	ARTS PLASTIQUES ✖ 🎨	ANGLAIS ♥ ♥ 🇬🇧	HISTOIRE-GÉO ✖ 🌍
ÉDUCATION CIVIQUE ✖ 🚦	ÉTUDE DIRIGÉE ✖	EPS ♥ 🏀	MATHS ♥ ♥

8. 👁️ 💬 **J'observe l'emploi du temps de Jean et je parle.**

– Le lundi, Jean a... Et moi, j'ai...

9. 👁️ 💬 **J'observe les cœurs et je parle.**

– Jean aime... ♥ / Jean adore... ♥ ♥ / Il n'aime pas... ✖ / Il déteste... ✖
– Et moi, j'aime... ♥ / J'adore... ♥ ♥ / Je n'aime pas ✖ / Je déteste... ✖

Phonix

10. 👂 👁️ **J'écoute et j'observe.**

[i]	jeudi	musique	midi

[a]	samedi	maths	quart

11. 👂 💬 ☞ **J'écoute, je répète et je montre [i] et [a].**

Lisa adore les arts plastiques et la musique.

Il est dix heures et demie, Natacha va à la piscine.

Mardi matin, Sarah a maths et musique jusqu'à midi et quart.

Ma semaine arc-en-ciel

Lundi rouge,
On bouge, on bouge.

Mardi orange,
On mange, on mange.

Mercredi jaune,
On chôme, on chôme.

Jeudi vert,
On erre, on erre.

Vendredi bleu,
On peut, on peut.

Samedi indigo,
Dodo, dodo.

Dimanche violet,
Olé, olé.

Une journée ordinaire

➡️ **Je découvre**

1. 👁️ J'observe.

2. 👂 J'écoute.

3. 👂 ☞ J'écoute et je montre le dessin.

➡ **Je m'entraîne**

4. 💡 💬 ☞ **J'écoute, je répète et je montre le dessin.**

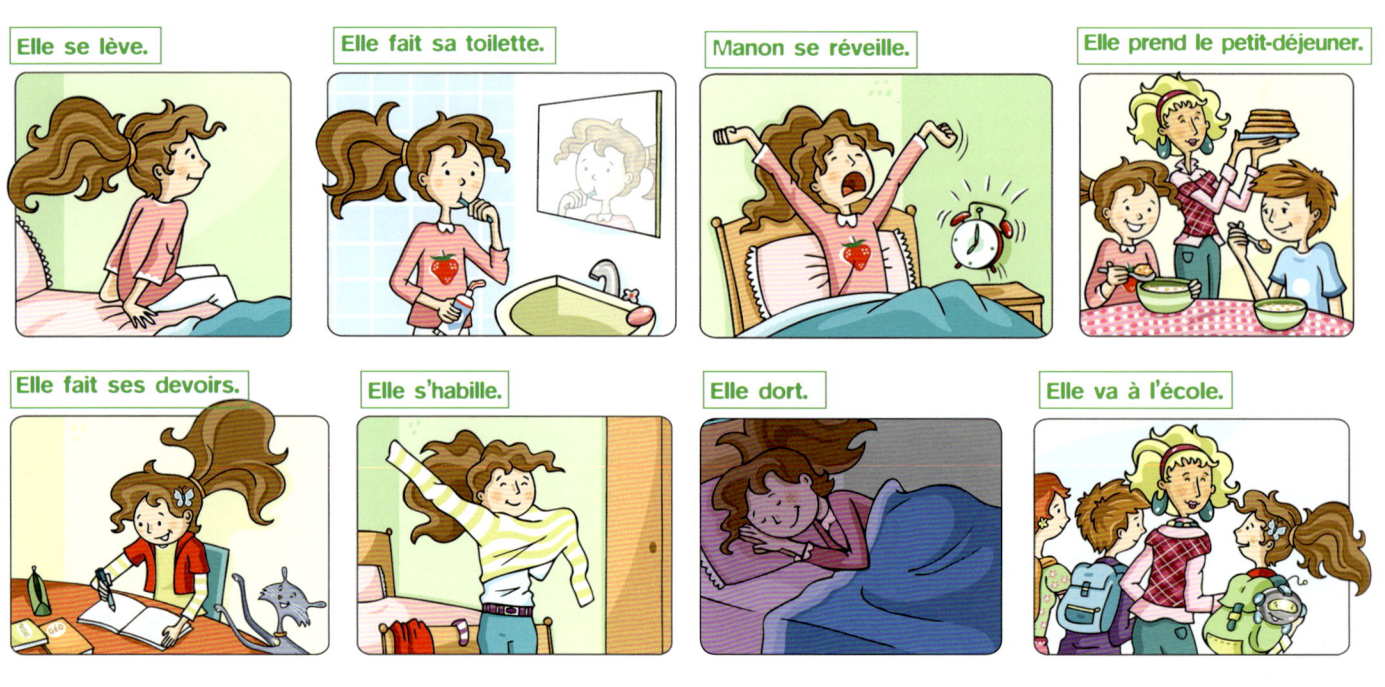

5. 💬 **Je mime et je dis ce que je fais.**
Exemple : À 7 h, je me réveille.

6. 💬 **Je transforme les phrases.**
Exemple : Manon **fait** ses devoirs. ▷ Manon **est en train de faire** ses devoirs.

7. ☞ 💬 **Je montre un objet et je dis que c'est mon objet.**
Exemple : C'est **un** stylo. ▷ C'est **mon** stylo. / Ce sont **des** ciseaux. ▷ Ce sont **mes** ciseaux.

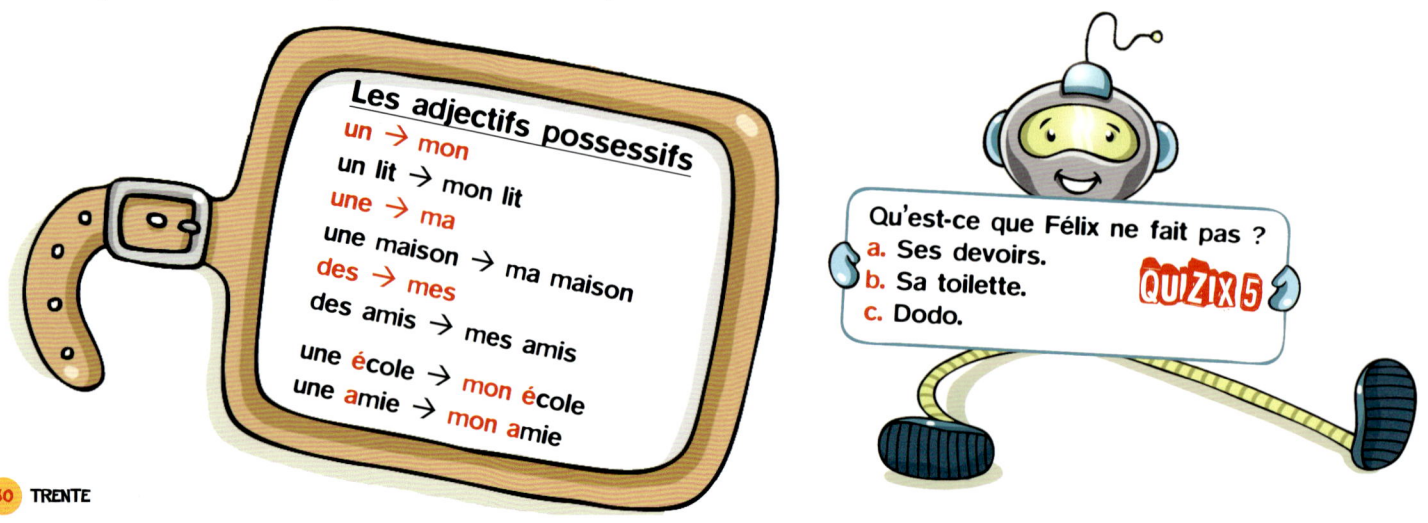

Les adjectifs possessifs
un → mon
un lit → mon lit
une → ma
une maison → ma maison
des → mes
des amis → mes amis
une école → mon école
une amie → mon amie

Qu'est-ce que Félix ne fait pas ?
a. Ses devoirs.
b. Sa toilette.
c. Dodo.
QUIZIX 5

➡️ Je pratique

8. 💬 Je joue la scène.

9. 💬 Je joue au jeu du décalage horaire.

Exemple : Je suis à Paris. Il est onze heures. Quelle heure est-il à Tokyo ?

Montréal (5 h)   **Paris (11 h)**   **Beyrouth (12 h)**   **Bombay (15 h)**   **Tokyo (19 h)**

10. 💡 👁️ J'écoute et j'observe.

[œ]	dé**jeu**ner	h**eu**re	n**eu**f

[ø]	bl**eu**	**jeu**di	d**eu**x

11. 💡 💬 ☞ J'écoute, je répète et je montre [œ] et [ø].

On est jeudi. Il est neuf heures du matin. Il ne pleut pas. Le ciel est bleu.

La sœur de Mathieu veut déjeuner avec ses deux amis ce jeudi.

Quelle heure est-il ?

Quelle heure est-il ?
Il est sept heures pile,
Je prends mon petit-déjeuner.

Quelle heure est-il ?
Il est midi pile,
Je prends mon déjeuner.

Quelle heure est-il ?
Il est seize heures pile,
Je prends mon goûter.

Quelle heure est-il ?
Il est vingt heures pile,
Je prends mon dîner.

Joyeux anniversaire

1. 👁 J'observe.

2. 👂 J'écoute.

3. 💡 💬 J'écoute et je répète le mot entendu.

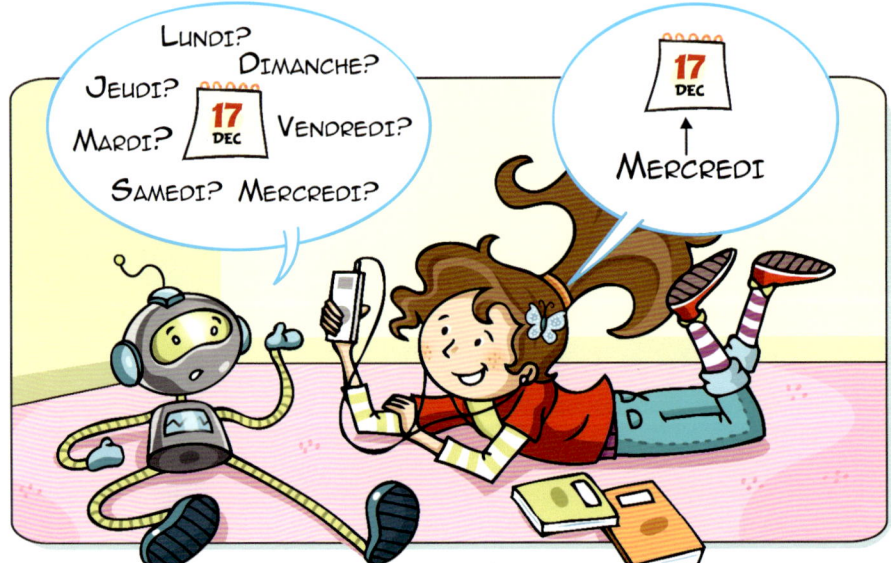

INVITATION

Salut !

Je t'invite pour fêter mon anniversaire de 9 ans le mercredi 17 décembre à partir de 15 h jusqu'à 18 h.

Je compte sur toi !

Manon

➡️ Je m'entraîne

4. 💡 💬 ☞ **J'écoute, je répète et je montre le dessin.**

5. 💬 **Je réponds, puis je pose une question à un(e) camarade.**

6. 💬 **Je réponds aux questions, puis je pose les questions à un(e) camarade.**
Exemple : C'est quand ton anniversaire ? ▷ C'est dans un mois, le 23 août.
   C'est quel jour le 23 août ? ▷ C'est un dimanche.

7. 💬 **Je demande poliment l'heure, la date, etc.**
Exemple : Pourriez-vous me dire quelle heure il est, s'il vous plaît ?
   Pourrais-tu me dire quel jour on est aujourd'hui, s'il te plaît ?

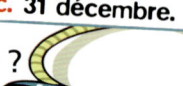

Félix est né le
a. 1er janvier.
b. 30 février. **QUIZIX 6**
c. 31 décembre.

➡️ Je pratique

8. 💬 **Je parle de mon anniversaire, puis je pose des questions à un(e) camarade.**

Exemple : Le 4 septembre, c'est mon anniversaire. C'est en été.

C'est quand ton anniversaire ? C'est le 6 août. C'est aussi en été.

Et ton frère, c'est quand son anniversaire ? C'est le 2 mars. C'est en hiver.

le printemps
21 mars - 20 juin

l'été
21 juin - 22 septembre

l'automne
23 septembre - 20 décembre

l'hiver
21 décembre - 20 mars

9. 💬 **Je parle des saisons et des pays.**

Exemple : En France, en février, c'est l'hiver. Au Brésil, en février on est en quelle saison ?

le Brésil
en février

la France
en février

le Liban
en mai

l'Australie
en mai

10. 👂 👁️ **J'écoute et j'observe.**

[p]	**P**aris	**p**rintemps	se**p**tembre
[b]	**B**ordeaux	**b**ouquet	novem**b**re

[f]	**F**ort-de-**F**rance	**f**leur	**f**évrier
[v]	**V**annes	hiver	a**v**ril

11. 👂 💬 ☞ **J'écoute, je répète et je montre [p] ou [b], ensuite [f] ou [v].**

L'anniversaire de Paul est le vingt septembre. Il va souffler les bougies.

S'il vous plaît, pourriez-vous parler un peu plus fort ?

Joyeux anniversaire

Refrain :
Joyeux anniversaire, *(bis)*
Joyeux anniversaire Manon,
Joyeux anniversaire.

Un an de plus, ça se fête,
Un an de plus, c'est très chouette,
Un an de plus…

Refrain

Un an de plus, et je grandis,
Un an de plus, plus de bougies,
Un an de plus…

Refrain

Septembre 2010

L	M	M	J	V	S	D
		1	2	3	4	5
6	7	8	9	10	11	12
13	14	15	16	17	18	19
20	21	22	23	24	25	26
27	28	29	30			

Octobre 2010

L	M	M	J	V	S	D
				1	2	3
4	5	6	7	8	9	10
11	12	13	14	15	16	17
18	19	20	21	22	23	24
25	26	27	28	29	30	31

TOUSSAINT

Novembre 2010

L	M	M	J	V	S	D
1	2	3	4	5	6	7
8	9	10	11	12	13	14
15	16	17	18	19	20	21
22	23	24	25	26	27	28
29	30					

Décembre 2010

L	M	M	J	V	S	D
		1	2	3	4	5
6	7	8	9	10	11	12
13	14	15	16	17	18	19
20	21	22	23	24	25	26
27	28	29	30	31		

NOËL

Janvier 2011

L	M	M	J	V	S	D
					1	2
3	4	5	6	7	8	9
10	11	12	13	14	15	16
17	18	19	20	21	22	23
24	25	26	27	28	29	30
31						

Février 2011

L	M	M	J	V	S	D
	1	2	3	4	5	6
7	8	9	10	11	12	13
14	15	16	17	18	19	20
21	22	23	24	25	26	27
28						

HIVER

Mars 2011

L	M	M	J	V	S	D
	1	2	3	4	5	6
7	8	9	10	11	12	13
14	15	16	17	18	19	20
21	22	23	24	25	26	27
28	29	30	31			

Avril 2011

L	M	M	J	V	S	D
				1	2	3
4	5	6	7	8	9	10
11	12	13	14	15	16	17
18	19	20	21	22	23	24
25	26	27	28	29	30	

PRINTEMPS

Mai 2011

L	M	M	J	V	S	D
						1
2	3	4	5	6	7	8
9	10	11	12	13	14	15
16	17	18	19	20	21	22
23	24	25	26	27	28	29
30	31					

Juin 2011

L	M	M	J	V	S	D
	1	2	3	4	5	
6	7	8	9	10	11	12
13	14	15	16	17	18	19
20	21	22	23	24	25	26
27	28	29	30			

Juillet 2011

L	M	M	J	V	S	D
				1	2	3
4	5	6	7	8	9	10
11	12	13	14	15	16	17
18	19	20	21	22	23	24
25	26	27	28	29	30	31

ÉTÉ

Août 2011

L	M	M	J	V	S	D
1	2	3	4	5	6	7
8	9	10	11	12	13	14
15	16	17	18	19	20	21
22	23	24	25	26	27	28
29	30	31				

ÉTÉ

Zone A Caen, Clermont-Ferrand, Grenoble, Lyon, Montpellier, Nancy-Metz, Nantes, Rennes, Toulouse

Zone B Aix-Marseille, Amiens, Besançon, Dijon, Lille, Limoges, Nice, Orléans-Tours, Poitiers, Reims, Rouen, Strasbourg

Zone C Bordeaux, Créteil, Paris, Versailles

Leçon 7 > Sportif ou artiste ? **p. 38**

Leçon 8 > Manon à Paris **p. 42**

Leçon 9 > Les dinosaures à la Géode **p. 46**

➡ Je vais apprendre à…

1. Écouter
– un programme d'activités extrascolaires,
– la description physique d'une personne,
– le prix d'un objet,
– quelqu'un qui exprime ses préférences.

2. Parler
– pour poser des questions : *qu'est-ce qu'on… ? on va… comment ?*
– pour décrire le physique d'une personne,
– pour raconter un programme ou des activités,
– pour exprimer mes préférences : *j'aime bien mais je préfère…,*
– pour donner le prix d'un objet ou le résultat d'un calcul simple,
– pour compter de 60 à 80.

3. Lire
– une carte postale ou une carte de vœux.

4. Écrire
– une carte de vœux pour souhaiter la bonne année ou de bonnes vacances,
– des indications pour aller à un endroit.

CIVIX 3 ◊ Des sites en France **p. 50**

PROJÉTIX 3

NOTRE ALBUM DE FRANCE

Cahier > p. 47

Sportif ou artiste ?

Je découvre

1. 👁 **J'observe.**

2. 👂 **J'écoute.**

3. 👂 ☞ **J'écoute et je montre le dessin.**

Décembre

Samedi **20**

Dimanche **21**

Lundi **22**

8
9
10
11
12
13
14
15
16
17
18
19
20
21

Mardi **23**

8
9
10
11
12
13
14
15
16
17
18
19
20
21

➡️ **Je m'entraîne**

4. 🔦 💬 ☞ **J'écoute, je répète et je montre le dessin.**

Lundi après-midi, on a rendez-vous au club de badminton.

Dimanche matin, on va au marché de Noël.

Samedi après-midi, on va au spectacle de danse de l'école.

Tu sais, on ne va pas s'ennuyer.

Dis-moi, Manon, qu'est-ce qu'on fait pendant les vacances ?

Mercredi, c'est la fête de Noël. Je dois aider mes parents.

Vendredi, on prépare notre voyage à Paris.

Mardi matin, on va au club des P'tits Lecteurs.

5. 💬 **Je dis ce que j'aime et ce que je fais.**
Exemple : Moi, je suis un sportif / une sportive. J'aime le judo et je fais du judo. Et toi ?
Moi, je suis un artiste / une artiste. J'aime la flûte et je joue de la flûte.

le judo    le football    la flûte    la peinture

Les activités sportives
l'acrobranche   le tennis
l'équitation   le ping-pong
le basketball   la natation
le badminton   la course à pied

6. 🔦 ☞ **J'écoute et je montre les personnages.**

Les instruments de musique
l'accordéon   le djembé
l'harmonica   le piano
le violon   la flûte
la guitare   la clarinette

7. ¹₂₃ 📖 **Je compte de 60 à 80 et je lis les numéros de téléphone.**
60, 61, 62... 70, 71, 72... 80.

Yann ☎ 01 45 63 79 80   Sophie ☎ 06 53 64 71 73

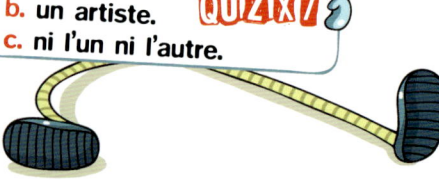

Félix est
a. un sportif.
b. un artiste.
c. ni l'un ni l'autre.

QUIZIX 7

➡️ Je pratique

8. 💬 Je joue aux devinettes.

Exemple : Il est grand. Il a les cheveux courts et des lunettes. C'est qui ?

Il est
{
grand.
petit.
gros.
mince.
blond.
brun.
châtain.
roux.
}

Elle est
{
grande.
petite.
grosse.
mince.
blonde.
brune.
châtain.
rousse.
}

Il / Elle a
{
les cheveux noirs / blancs.
les cheveux longs / courts.
les yeux bleus / verts.
les yeux marron.
des lunettes.
}

9. 💬 Je joue à *Combien ça coûte ?*

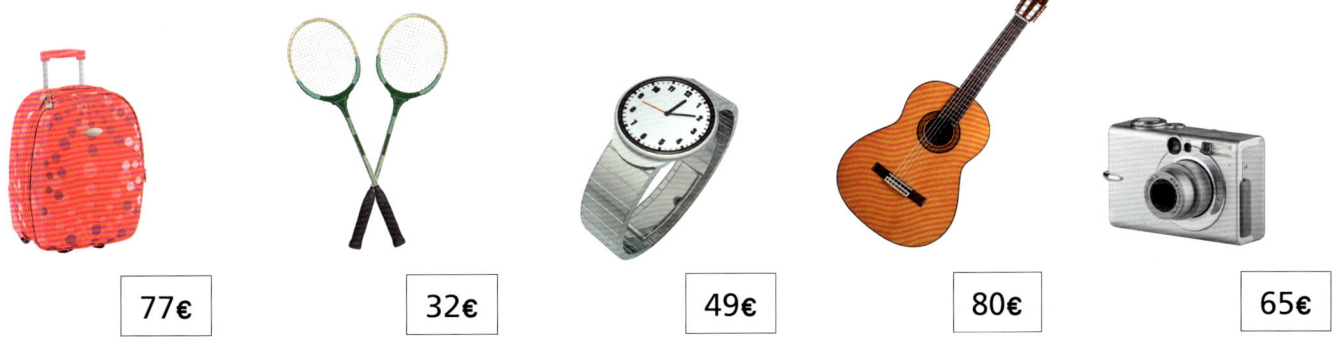

| 77€ | 32€ | 49€ | 80€ | 65€ |

Phonix

10. 💡 👁 J'écoute et j'observe.

[ə]	petit	demain	mercredi

[y]	flûte	judo	musique

11. 💡 💬 ☞ J'écoute, je répète et je montre [ə] et [y].

Demain, Lucie fera du judo et de la danse. Julie aime faire de la peinture et de la flûte.

Les élèves vont faire un voyage d'une semaine en France.

Mes amis

Dorémix

Refrain :
Comme je m'ennuie !
Où sont donc mes amis ?

J'aimerais, avec Hortense,
Faire de la danse.

Refrain

J'aimerais, avec Léo,
Faire du judo.

Refrain

J'aimerais, avec Audrey,
Faire du volley.

Refrain

J'aimerais, avec Fabrice,
Faire du tennis.

Refrain

Ils sont tous partis !
Ils m'ont laissé ici.

Manon à Paris

1. 👁 J'observe.

2. 👂 J'écoute.

3. 👂 ☞ J'écoute et je montre la photo.

Bon, on va regarder ensemble notre itinéraire.

C'est chouette, le TGV. J'adore !

le bus

le TGV

le métro

le RER

la tour Eiffel

le musée du Louvre

le château de Versailles

le parc Astérix

➡️ Je m'entraîne

4. 💡 💬 ☞ **J'écoute, je répète et je montre le dessin.**

Qu'est-ce qu'on va visiter ?

Et le château de Versailles ?

En métro, puis en RER.

Super ! Et le parc Astérix ?

On va chez papi et mamie comment ?

À la gare, on prend le TGV pour Paris.

La tour Eiffel, le musée du Louvre et la Cité des sciences.

On va tout d'abord prendre le bus jusqu'à la gare.

5. 💬 **Je transforme les phrases.**
Exemple : Aujourd'hui, il fait beau à Paris. ▷ Aujourd'hui, il **ne** fait **pas** beau à Paris.

Nice. Il fait chaud.

Rennes. Il pleut.

Bordeaux. Il fait froid.

Paris. Il neige.

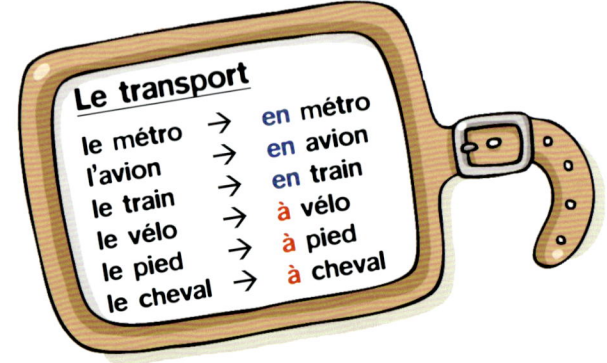

Le transport

le métro	→	en métro
l'avion	→	en avion
le train	→	en train
le vélo	→	à vélo
le pied	→	à pied
le cheval	→	à cheval

6. 💬 **Je dis où je vais et comment.**
Exemple : Où vas-tu ? ▷ Je vais à la gare.
Tu vas à la gare comment ? ▷ Je vais à la gare en bus.

l'école le métro	le parc le train	la piscine le vélo	chez Manon à pied

7. 💬 **Je dis quelle ligne de bus je prends.**
Exemple : Pour aller au parc, je prends le bus n° 6, la ligne jaune.

bus n° 4   bus n° 6   bus n° 5   bus n° 1   bus n° 3

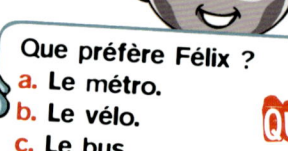

Que préfère Félix ?
a. Le métro.
b. Le vélo.
c. Le bus.

QUIZIX 8

⮕ Je pratique

8. 💬 **Je joue à *Je peux vous aider ?***

Montparnasse	métro, ligne 4 ⮕	Châtelet	métro, ligne 1 ⮕	Musée du Louvre

Bonjour madame, je peux vous aider ?

Bonjour, pour aller au musée du Louvre, quelle ligne de métro je dois prendre, s'il vous plaît ?

Il faut prendre la ligne 4 en violet jusqu'à Châtelet, puis la ligne 1 en jaune jusqu'au musée.

Merci bien. Au revoir.

9. 💬 **Je présente la météo.**

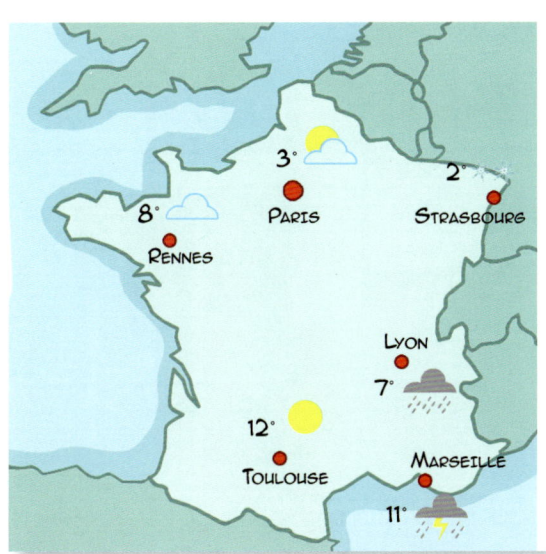

Bonjour, voici le bulletin de la météo d'aujourd'hui, 22 décembre. À Paris, il fait 3 degrés, il fait froid...

Phonix

10. 💡 👁 **J'écoute et j'observe.**

[e]	m**é**tro	T**é**G**é**V**é**	pi**e**d

[ɛ]	découv**er**te	**è**RE**è**R	sup**er**

11. 💡 💬 ☞ **J'écoute, je répète et je montre [e] et [ɛ].**

Les élèves aiment visiter le Palais de la Découverte. Ils prennent le TGV pour aller à Rennes.

C'est super ! En hiver, il neige et on fait des boules de neige. Hélène préfère l'hiver à l'été.

Les saisons

Au printemps, il y a du vent,
C'est la fête des cerfs-volants.

En été, il fait très beau,
C'est la fête des vélos.

En automne, le ciel est gris,
C'est la fête des parapluies.

En hiver, il neige et gèle,
C'est la fête du Père Noël.

Les dinosaures à la Géode

➡ Je découvre

1. 👁 **J'observe.**

2. 👂 **J'écoute.**

3. 👁 💬 **J'écoute et je répète les mots entendus.**

On va voir un film à la Géode.

On peut voir l'exposition LE CORPS ?

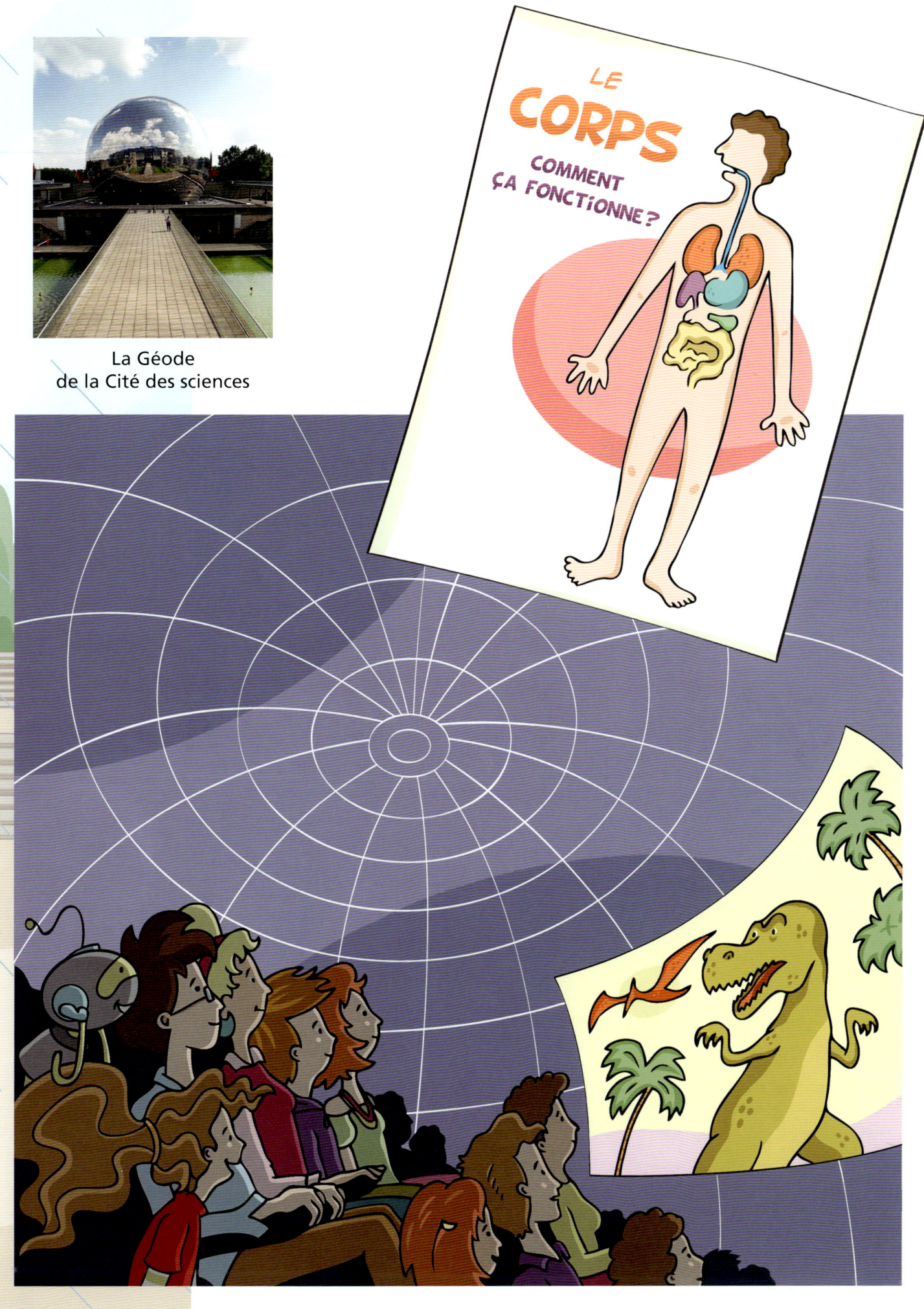

La Géode
de la Cité des sciences

LE CORPS
COMMENT ÇA FONCTIONNE?

➡️ **Je m'entraîne**

4. 💡 💬 ☞ **J'écoute, je répète et je montre le dessin.**

5. 💬 **Je dis ce que j'aime.**
Exemple : J'aime les chats. Et toi ?

| un chat | un chien | un poisson rouge | un dinosaure | un éléphant |

6. 💬 **Je dis ce que je préfère.**
Exemple : J'aime bien le jus d'orange, mais je préfère
le diabolo fraise. Et toi ?

Les animaux

le chien → les chiens
le chat → les chats
le lapin → les lapins
le cheval → les chevaux

jus d'orange | jus d'ananas | jus de pomme | diabolo fraise | diabolo menthe
3,10€ | 3,10€ | 3,10€ | 2,30€ | 2,30€

7. 🔢 **Je fais le compte.**
Exemple : Un jus d'orange coûte 3 euros 10, un
diabolo menthe coûte 2 euros 30 et un
diabolo fraise coûte aussi 2 euros 30. Ça
fait combien ?

Félix est très content. Pourquoi ?
a. Parce qu'il peut prendre
un diabolo menthe.
b. Parce qu'il connaît les dinosaures.
c. Parce qu'il fait beau.

QUIZIX 9

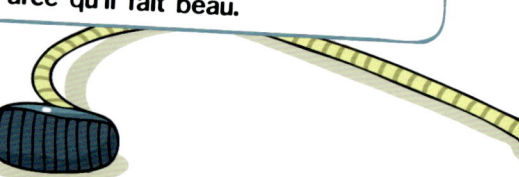

➡️ Je pratique

8. 💬 Je joue au jeu des couleurs.

9. ₂¹₃ 💬 Je joue au *Compte est bon*.
Exemple : Avec 2, 6 et 10, comment faire pour avoir 14 ?
Réponse : 6 + 10 = 16, puis 16 - 2 = 14.

Phonix

10. 💡 👁 J'écoute et j'observe.

[t]	cité	bistrot	content
[d]	Géode	diabolo	dinosaure

[s]	sciences	exposition	poisson
[z]	exposition	fraise	dinosaure

11. 💡 💬 ☞ J'écoute, je répète et je montre [t] et [d], ensuite [s] et [z].

Vincent adore le diabolo menthe. Les enfants aiment bien lire l'histoire des dinosaures.

Les expositions à la Cité des sciences sont très intéressantes.

Vive Paris !

Je visite la tour Eiffel,
Qu'elle est belle !

Et la Cité des sciences,
Quelle chance !

Puis le château de Versailles,
Quelle pagaille !

Et le Quartier latin,
Quel beau coin !

Puis le musée du Louvre,
Quand il ouvre !

Et le parc Astérix ?
Me demande Félix.

la Sorbonne (le Quartier latin)

le château de Versailles

la tour Eiffel

la pyramide du Louvre

le Mont-Saint-Michel

les Arènes de Nîmes

le Puy-de-Dôme

le Mont-Blanc

→ **Je vais apprendre à...**

1. Écouter
– quelqu'un décrire son état physique,
– des questions sur l'état physique,
– le nom des parties du corps, la liste des courses et le nom des magasins,
– des consignes simples à l'impératif.

Leçon 10 > Manon est malade **p. 52**

2. Parler
– pour exprimer mon état physique,
– pour poser des questions sur l'état physique d'une personne,
– pour citer une liste de courses,
– pour compter de 80 à 100.

3. Lire
– un mail avec quelques phrases simples,
– un petit texte descriptif.

4. Écrire
– un mail en utilisant les mots acquis pour décrire mon état de santé.

CIVIX 4 > Les repas en France **p. 64**

Leçon 11 > Merci docteur ! **p. 56**

Leçon 12 > Pharmacie et compagnie **p. 60**

PROJÉTIX 4

LES REPAS EN FRANCE ET CHEZ NOUS

Cahier > p. 62

➡ Je découvre

1. 👁 **J'observe.**

2. 👂 **J'écoute.**

3. 👁 ☞ **J'écoute et je montre le dessin.**

> Maman, je ne me sens pas bien.

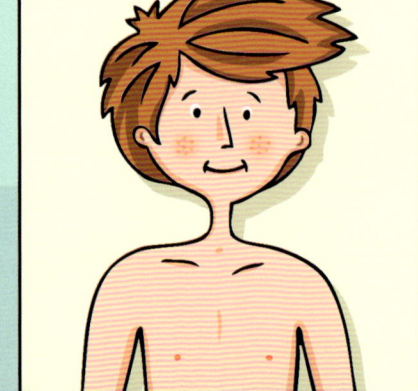

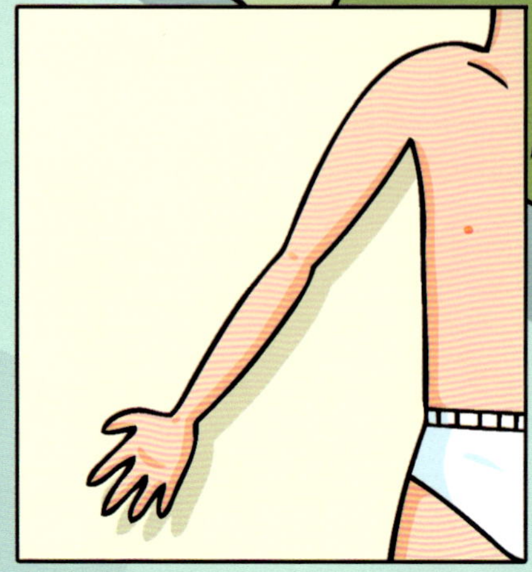

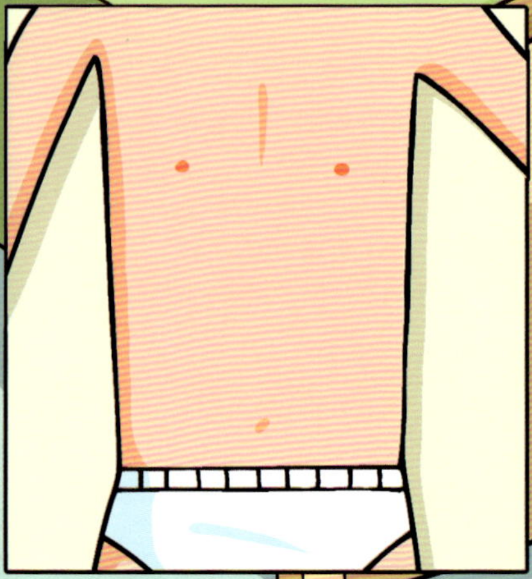

➡️ **Je m'entraîne**

4. 💡 💬 ☞ **J'écoute, je répète et je montre le dessin.**

5. ☞ 💬 **Je montre Félix et je parle.**
Exemple : Il a mal à la tête. Et moi aussi, j'ai mal à la tête.

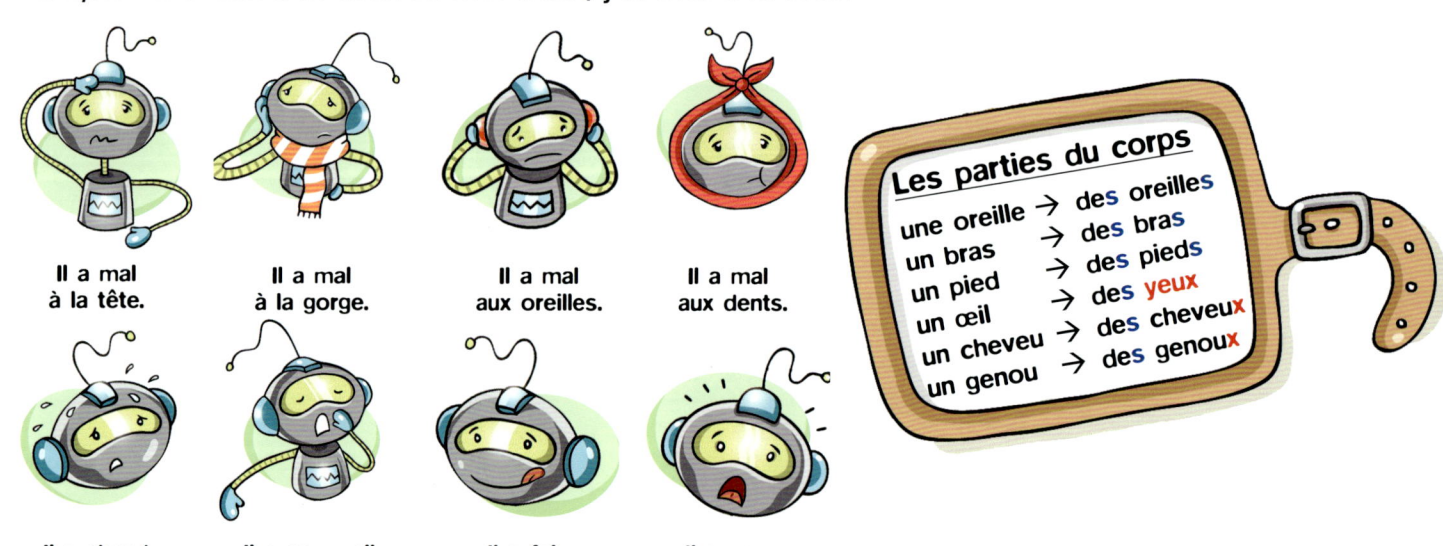

6. 💬 **Je dis ce que je vais faire.**
Exemple : ✏️ ▷ Je vais dessiner un dinosaure.

7. 2³ **Je compte de 80 à 100 et de 100 à 80.**
80, 81, 82... 90, 91... 100.

➡ Je pratique

8. 👁 💡 Je joue avec les mains.

9. 💡 Je joue à *La course des numéros*.

Phonix

10. 💡 👁 J'écoute et j'observe.

[y]	température	musique	sur

[u]	toubib	bouche	sous

11. 💡 💬 ☞ J'écoute, je répète et je montre [y] et [u].

Lou a rendez-vous chez le toubib. Ursule prend sa température.

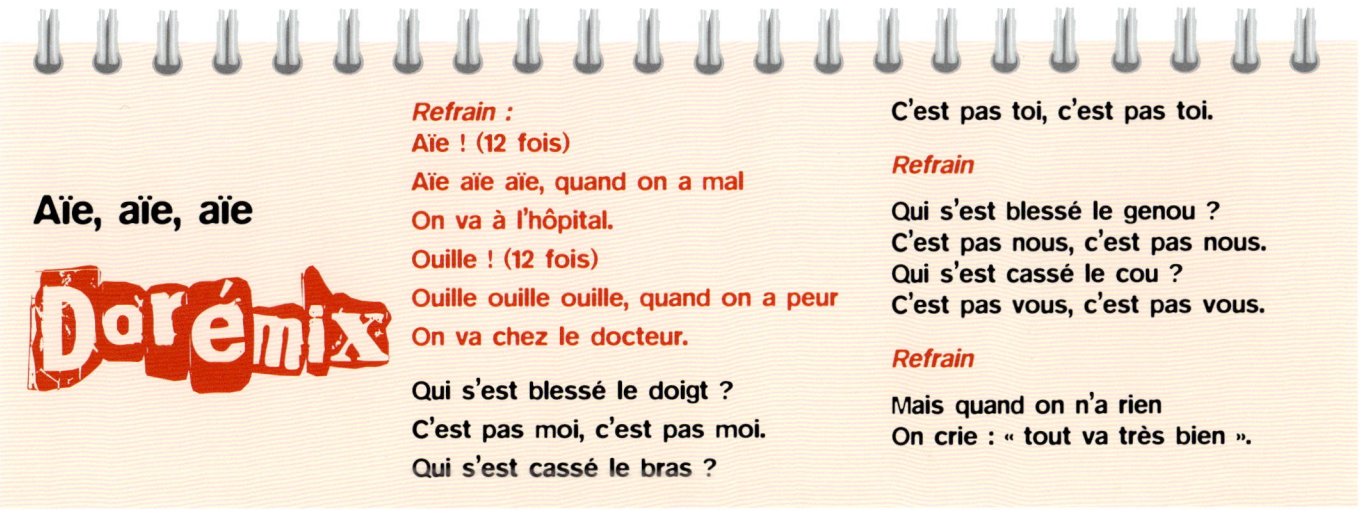

Aïe, aïe, aïe

Refrain :
Aïe ! (12 fois)
Aïe aïe aïe, quand on a mal
On va à l'hôpital.
Ouille ! (12 fois)
Ouille ouille ouille, quand on a peur
On va chez le docteur.

Qui s'est blessé le doigt ?
C'est pas moi, c'est pas moi.
Qui s'est cassé le bras ?

C'est pas toi, c'est pas toi.

Refrain

Qui s'est blessé le genou ?
C'est pas nous, c'est pas nous.
Qui s'est cassé le cou ?
C'est pas vous, c'est pas vous.

Refrain

Mais quand on n'a rien
On crie : « tout va très bien ».

Merci docteur !

➡️ **Je découvre**

1. 👁️ J'observe.

2. 👂 J'écoute.

3. 👂 ☞ J'écoute et je montre les dessins.

Tu as de la fièvre ?

➡️ Je m'entraîne

4. 💡 💬 ☞ J'écoute, je répète et je montre le dessin.

5. ☞ 💬 Je montre la photo et je dis le contraire.
Exemple : Il a des frissons, mais, moi, je **n'**ai **pas de** frissons.

Il a de la fièvre.　　Il a des vertiges.　　Il a des caries.　　Il a des crampes.

6. ☞ 💬 Je montre la photo et je fais le contraire.
Exemple : Il est debout, je suis assis(e).

Il est debout.　Il est assis.　　Elle est debout.　　Elle est assise.

La négation
J'ai mal à la tête
→ Je n'ai pas mal à la tête.
J'ai des vertiges.
→ Je n'ai pas de vertiges.

7. 💬 Je donne un ordre.
Exemple : Verbe  ▷ Mange !

Combien de temps Félix et Manon doivent-ils rester à la maison ?
a. Un jour.
b. Une semaine.
c. Un mois.

QUIZIX 11

➡️ Je pratique

8. 💬 Je joue au jeu du docteur.

9. 💬 Je joue au Petit Chaperon rouge.

Phonix

10. 💡 👁 J'écoute et j'observe.

[o]	sir**o**p	ch**au**d	mart**eau**

[ɔ]	d**o**cteur	g**o**rge	**o**rd**o**nnance

11. 💡 💬 ☞ J'écoute, je répète et je montre [o] et [ɔ].

Léo adore faire du vélo mais il a mal au dos. Georges a mal à la gorge.

La maladie des animaux

Le poisson a des frissons,
Le lièvre a de la fièvre,
L'araignée a des nausées,
Le p'tit tigre a des vertiges,

Et l'éléphant a mal aux dents,
Et le petit chat a mal au bras,
Et l'abeille a mal aux oreilles,
Et le chameau a mal au dos,

Pourquoi tous les animaux sont-ils malades ?
Parce qu'ils ne mangent pas de salade !

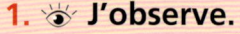

➡ Je découvre

1. 👁 **J'observe.**

2. 👂 **J'écoute.**

3. 👂 💬 **J'écoute et je répète les mots entendus.**

> T'as fait des courses ?

> Oui, je suis allée au supermarché. Tout est là sur la table.

➡️ Je m'entraîne

4. 💡 💬 ☞ J'écoute, je répète et je montre les dessins.

5. 💬 **Je fais une liste de courses.**
Exemple : Je vais acheter du lait, de la viande et des légumes.

le beurre   le fromage   le poisson   le chocolat

le yaourt   les céréales   le café   le thé

Aller...
à le supermarché → au supermarché
à la pharmacie → à la pharmacie
à l'épicerie → à l'épicerie
à les magasins → aux magasins

Les partitifs
de le pain → du pain
de la viande → de la viande
de les légumes → des légumes

6. 💬 **Je dis où je vais.**
Exemple : Pour acheter des médicaments, je vais à la pharmacie.

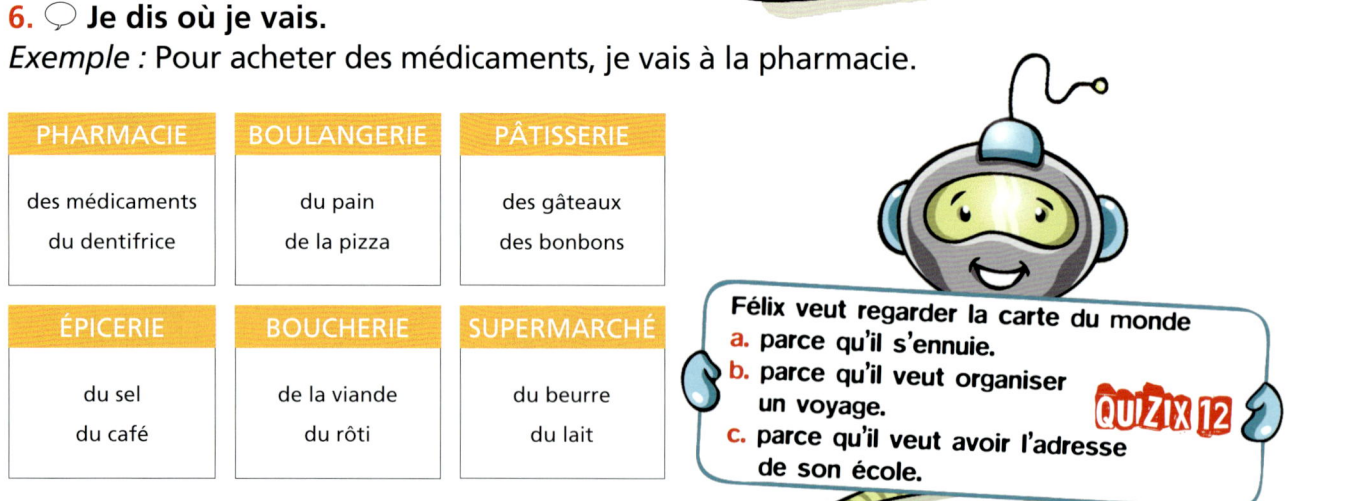

PHARMACIE	BOULANGERIE	PÂTISSERIE
des médicaments	du pain	des gâteaux
du dentifrice	de la pizza	des bonbons

ÉPICERIE	BOUCHERIE	SUPERMARCHÉ
du sel	de la viande	du beurre
du café	du rôti	du lait

Félix veut regarder la carte du monde
a. parce qu'il s'ennuie.
b. parce qu'il veut organiser un voyage.
c. parce qu'il veut avoir l'adresse de son école.

QUIZIX 12

7. 💬 **Je demande poliment.**
Exemple : Je voudrais 2 baguettes, s'il vous plaît.

➡️ Je pratique

8. 💬 Je fais les courses pour un pique-nique.

9. 💬 Je joue la scène.

10. 💡👁 J'écoute et j'observe.

[R]	bras	épicerie	céréales
[l]	langue	boulangerie	lait

[ʃ]	cheveux	supermarché	chocolat
[ʒ]	jambe	boulangerie	jus de fruit

11. 💡💬☞ J'écoute, je répète et je montre [R], [l], [ʃ] et [ʒ].

Liliane a mal aux bras et aux jambes. Elle va chez son docteur.

Dimanche prochain, on déjeune au restaurant avec Jane et Roland.

Zut, zut et flûte !

Poétix

Aujourd'hui, à l'épicerie,
Y'a pas de riz.
Zut, zut et flûte !

Aujourd'hui, à la boulangerie,
Y'a pas de pain cuit.
Zut, zut et flûte !

Aujourd'hui, à la boucherie,
Y'a pas de poulet rôti.
Zut, zut et flûte !

Aujourd'hui, à la confiserie,
Y'a plein de bonbons.
Miam-miam, c'est bon !

CIVIX 4 — Les repas en France

le petit-déjeuner

de la confiture

des cornflakes

un jus d'orange

un œuf

du lait

un croissant

le déjeuner

une salade

du hachis Parmentier

une blanquette de veau

un steak frites

une mousse au chocolat

le goûter

une pomme

un yaourt aux fruits

une tartine au chocolat

une barre de céréales

des biscuits

le dîner

une soupe

du poulet et des légumes

du poisson et du riz

du fromage

une crème brûlée

Le Club France-Trotteurs

Leçon 13 > Le secret de Félix **p. 66**

Je vais apprendre à…

1. Écouter
– les noms des pays, les nationalités,
– une demande de conseil,
– la comparaison entre deux pays ou deux personnes,
– les nombres ordinaux.

2. Parler
– pour présenter une personne (nationalité, pays),
– pour demander l'avis d'un ami ou donner mon avis,
– pour exprimer mes souhaits,
– pour dire ce que je viens de faire,
– pour comparer deux pays ou deux personnes.

3. Lire
– la présentation d'une personne ou d'un pays,
– des nombres ordinaux pour faire une comparaison.

4. Écrire
– un petit texte pour présenter une personne ou un pays,
– un petit texte pour donner son avis,
– des nombres ordinaux.

Leçon 14 > De nouveaux amis **p. 70**

CIVIX 5 ◊ Des pays francophones **p. 78**

PROJÉTIX 5

LE TOUR DES PAYS FRANCOPHONES

Cahier > p. 77

Leçon 15 > Champion en géo ! **p. 74**

➡ Je découvre

1. 👁 J'observe.

2. 👂 J'écoute.

3. 👂 ☞ J'écoute
et je montre
qui parle.

Nous voici aux
Champs Libres !

➡️ Je m'entraîne

4. 💡 💬 ☞ J'écoute, je répète et je montre le dessin.

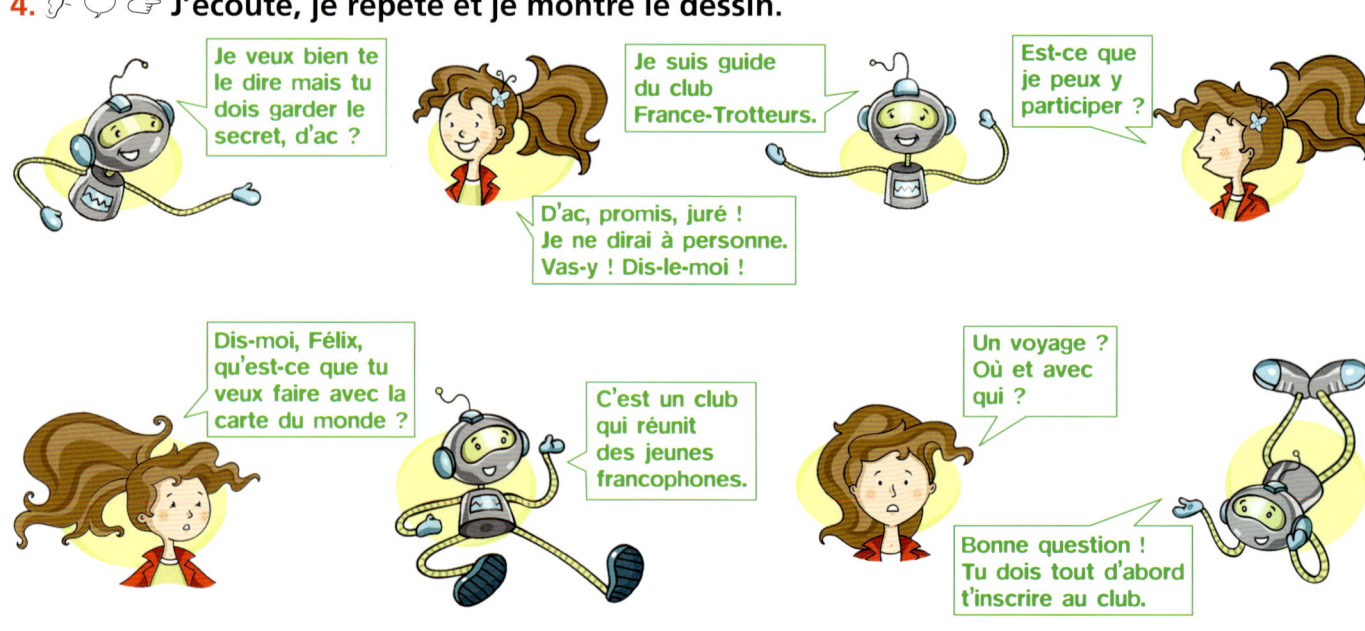

5. 💬 **Je donne mon avis.**
Exemple : À ton avis, qu'est-ce que je dois faire ? ▷ Ben, à mon avis, tu dois…

| dire merci à… ! | t'excuser | parler à… | écrire un mail à… | dormir |

6. 💬 **Je parle de mon voyage de rêve.**
Exemple : J'aimerais visiter Paris avec ma famille…

le Mont-Saint-Michel

le château de Versailles

la pyramide de Pei au Louvre

Bordeaux

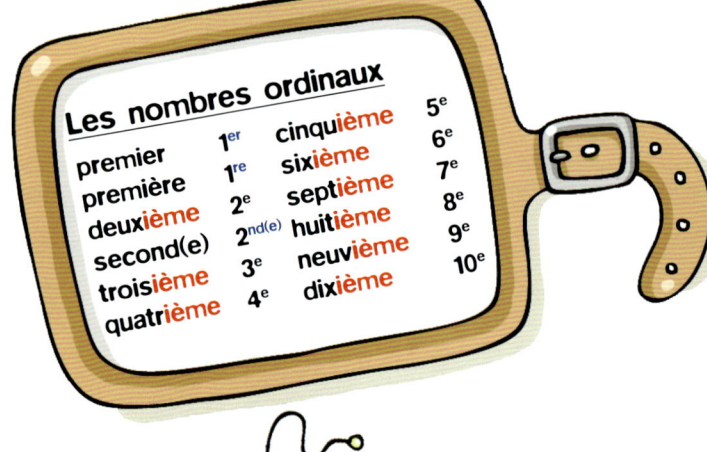

Les nombres ordinaux

premier	1er	cinquième	5e
première	1re	sixième	6e
deuxième	2e	septième	7e
second(e)	2nd(e)	huitième	8e
troisième	3e	neuvième	9e
quatrième	4e	dixième	10e

Pour s'inscrire au club France-Trotteurs,
il faut avoir
a. un chat.
b. 10 ans.
c. une carte du monde.

QUIZIX 13

7. ²¹³ Je compte les nombres ordinaux du 1er au 10e.

⇨ Je pratique

8. 💬 Je donne mon avis.

9. 💬 Je joue la scène.

10. 👂👁 J'écoute et j'observe.

[a]	carte	avis	voyage
[ɑ̃]	en	enfant	francophone

[ɔ]	alors	globe-trotteur	francophone
[ɔ̃]	ton	monde	non

11. 💡💬☞ J'écoute, je répète et je montre [ɑ̃] et [ɔ̃].

Manon montre la carte du monde à Félix. Les francophones parlent français.

Le dimanche, les enfants vont souvent au parc avec les parents.

Globe-trotteur

Refrain :
Je suis un globe-trotteur,
Je suis un globe-trotteur,

Avec mon sac à dos,
Et mon appareil photo.

Refrain

Je fais l'Asie à vélo,
Et l'Europe à moto.

Refrain

Je fais l'Afrique à chameau,
L'Océanie en bateau.

Refrain

Je fais l'Amérique en auto,
L'Antarctique en hélico.

Refrain

Avec mon sac à dos,
Et mon appareil photo.

Refrain

⇒ Je découvre

1. 👁 **J'observe.**

2. 👂 **J'écoute.**

3. 👂 ☞ **J'écoute et je montre les amis de Félix.**

Je peux connaître tes amis du club France-Trotteurs ?

⇨ Je m'entraîne

4. 💡 💬 ☞ J'écoute, je répète et je montre le dessin.

C'est Mariama.
Elle est sénégalaise.

Lui, c'est Phi Long.
Il est vietnamien.

Je peux connaître tes amis du club France-Trotteurs ?

C'est Jacques.
Il est belge.

Et c'est Hamid.
Il est marocain.

Je viens de recevoir les photos de mes nouveaux amis.

Elle, c'est Anne-Julie.
Elle est canadienne.

C'est Zinaïda.
Elle est moldave.

5. 💬 Je présente les nouveaux amis de Félix.

Exemple : C'est qui, cette fille ? ▷ C'est Mariama. Elle est sénégalaise.
C'est qui, ce garçon ? ▷ C'est Phi Long. Il est vietnamien.

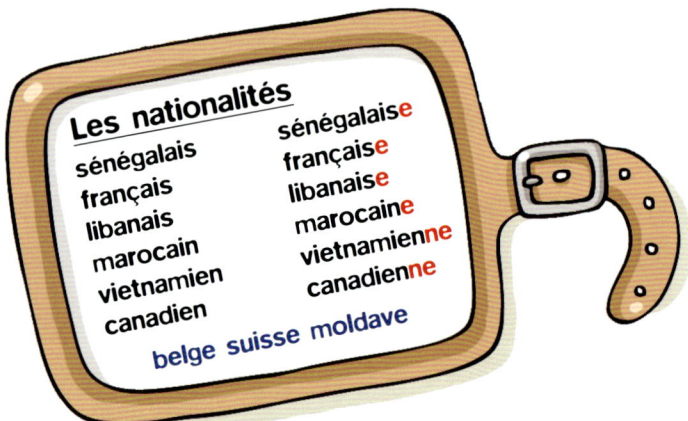

Les nationalités

sénégalais — sénégalaise
français — française
libanais — libanaise
marocain — marocaine
vietnamien — vietnamienne
canadien — canadienne
belge suisse moldave

 le Sénégal  la France le Liban

 le Maroc le Vietnam le Canada

 la Belgique la Suisse la Moldavie

6. 💬 Je fais des phrases avec les adjectifs de nationalité.

Exemple : Mariama est sénégalaise. ▷ Son père est sénégalais, lui aussi.
Phi Long est vietnamien. ▷ Sa mère est vietnamienne, elle aussi.

7. 💬 Je fais des phrases avec *Je viens de*.
Exemple : Je viens de recevoir les photos de mes nouveaux amis.

| écrire un mail à Manon. | déjeuner avec mes amis. |

| finir mes devoirs. | acheter des bonbons. |

Félix veut organiser un voyage en
a. avril.
b. mai.
c. juin.
QUIZIX 14

→ Je pratique

8. 💬 Je présente un(e) voisin(e).

9. 💬 Je joue la scène.

Phonix

10. 👂 👁 J'écoute et j'observe.

[a]	année	nationalité	canadien
[ɑ̃]	justement	ensemble	français

[ɛ]	cette	prochaine	libanais
[ɛ̃]	bien	prochain	vietnamien

11. 👂 💬 ☞ J'écoute, je répète et je montre [ɑ̃] et [ɛ̃].

Les enfants travaillent très bien ensemble. Germain joue avec son cousin Romain.

Les Français sont des Européens. Les Sénégalais sont des Africains.

Qui parle français ?

Qui parle français ?
C'est Fabienne, la Canadienne.

Qui parle français ?
C'est Cheik, le Sénégalais.

Qui parle français ?
C'est Tatiana, la Moldave.

Qui parle français ?
C'est Romain, le Roumain.

Qui parle français ?
C'est Gabriel, le Belge.

Ensemble, on va discuter.
Ensemble, on va voyager.

Champion en géo !

➡ **Je découvre**

1. 👁 J'observe.

2. 💡 J'écoute.

3. 💡 ☞ J'écoute et je montre les pays.

AMÉRIQUE DU NORD

OCÉAN ATLANTIQUE

OCÉAN PACIFIQUE

AMÉRIQUE DU SUD

Tu connais tous les pays du monde ?

Non, pas tous. Je sais comment lire la carte du monde.

➡ Je m'entraîne

4. 💡 💬 ☞ **J'écoute, je répète et je montre le dessin.**

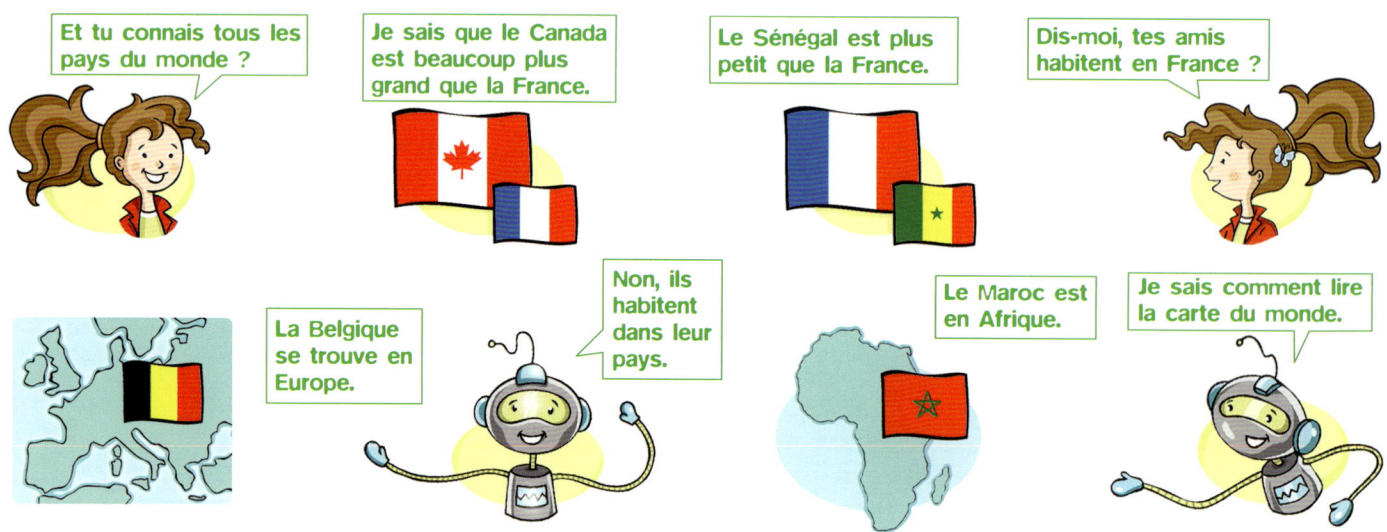

> Et tu connais tous les pays du monde ?

> Je sais que le Canada est beaucoup plus grand que la France.

> Le Sénégal est plus petit que la France.

> Dis-moi, tes amis habitent en France ?

> La Belgique se trouve en Europe.

> Non, ils habitent dans leur pays.

> Le Maroc est en Afrique.

> Je sais comment lire la carte du monde.

5. 💬 **Je dis qui je rencontre.**

L'AMÉRIQUE	L'EUROPE	L'AFRIQUE	L'ASIE
le Canada	l'Albanie	le Sénégal	le Vietnam
Haïti	la Belgique	le Maroc	le Cambodge
Sainte-Lucie	le Luxembourg	la Tunisie	le Laos

Exemple : Je vais au Canada, je rencontre des Canadiens.
Je vais en Belgique, je rencontre des Belges.
Je vais en Albanie, je rencontre des Albanais.
Je vais à Haïti, je rencontre des Haïtiens.

> **Quelques nombres ordinaux**
> 41e quarante et unième
> 67e soixante-septième
> 86e quatre-vingt-sixième
> 90e quatre-vingt-dixième

6. 💬 **Je compare les pays.**

le Canada	la France	le Vietnam	le Sénégal	la Tunisie
2e	41e	67e	86e	90e

Exemple : Le Canada est plus grand que la France.
▷ La France est moins grande que le Canada.

La Tunisie est plus petite que le Vietnam.
▷ Le Vietnam est moins petit que la Tunisie.

> Félix peut garder contact avec ses amis. Par quel moyen ?
> **a.** Par téléphone.
> **b.** Par Internet.
> **c.** Par lettre.
>
> **QUIZIX 15**

7. 💬 **Je fais des phrases avec les nombres ordinaux.**
Exemple : Le Canada est le deuxième pays du monde.

➡️ Je pratique

8. 💬 **Je joue à voyager.**

Exemple : On va au Canada en avion.

le Togo
le bateau

l'Espagne
le train

le Brésil
l'avion

la Chine
la voiture

l'Australie
le bateau

l'Égypte
l'avion

9. 💬 **Je compare.**

Je suis plus grand que Stéphane.

Je suis moins grande que Liliane.

Phonix

10. 💡 👁️ **J'écoute et j'observe.**

[k]	**k**iwi	**qu**and	maro**c**ain
[g]	or**g**aniser	**g**rand	séné**g**alais

[']	**h**aricot	**h**éros	**h**ollandais
[-]	**h**abiller	**h**ôpital	**h**aïtien

11. 💡 💬 ☞ **J'écoute, je répète et je montre** [k]**,** [g] **et** ['].

Écoute Gabrielle ! Le huit octobre prochain, toute la classe va voyager en Hollande.

Regarde ! Les grenouilles sont vertes parce qu'elles mangent des haricots verts.

Plus ou moins

Le Nigeria est plus grand que Panamá,
Et la Tunisie moins grande que la Russie.
Le Mozambique est plus petit que le Mexique,
Et le Soudan moins petit que le Liban.
La Thaïlande est plus chaude que la Finlande,
Et la Roumanie moins chaude que le Mali.
Le Canada est plus froid que l'Angola,
Et le Togo moins froid que Monaco.

la Belgique

le Canada

Haïti

le Maroc

le Sénégal

la Suisse

la Tunisie

le Vietnam

Je vais apprendre à…

1. Écouter
– quelqu'un qui parle de son projet de vacances (lieux, activités…),
– quelqu'un qui exprime son souhait ou donne son avis,
– quelqu'un qui exprime sa déception ou son assurance,
– quelqu'un qui répond à la question *pourquoi*.

2. Parler
– pour exprimer ce que je veux faire,
– pour expliquer mon idée et argumenter,
– pour contester une décision,
– pour prendre congé.

3. Lire
– un petit texte informatif,
– un texte narratif,
– des dates.

4. Écrire
– un petit texte narratif dont le sujet est familier (activités pendant les vacances),
– les nombres (cent et mille).

CIVIX 6 > Les activités en été **p. 92**

Leçon 16 > Vacances à l'île de Ré ? **p. 80**

Leçon 17 > On vote ! **p. 84**

Leçon 18 > Salut les copains ! **p. 88**

PROJÉTIX 6

NOS VACANCES !

Cahier > p. 92

Je découvre

1. 👁 **J'observe.**

2. 👂 **J'écoute.**

3. 👂 ☞ **J'écoute et je montre le dessin.**

L'île de Ré

⇒ **Je m'entraîne**

4. 💡💬☞ **J'écoute, je répète et je montre le dessin.**

Tiens, on a reçu les notes du troisième trimestre.

Par contre, Manon est déçue parce qu'elle ne peut pas s'inscrire au club France-Trotteurs cette année.

Félix est champion en maths, sciences et géo.

Si on fait du camping, c'est pas trop cher.

Il y a une fête de fin d'année à l'école le 30 juin.

Tiens, en juillet cette année, j'aimerais vous emmener à l'île de Ré.

L'île de Ré ? Pourquoi l'île de Ré ? Tout est cher là-bas.

Ah moi, j'en suis pas sûre !

5. 💬 **J'exprime ma déception.**
Exemple : Je suis déçu(e) parce que...

Je n'ai eu que C en maths.

Je n'ai pas reçu de cadeaux.

Les nombres
100	cent
101	cent un
200	deux cents
202	deux cent deux
1000	mille
2000	deux mille
3000	trois mille

Je suis malade. Je ne peux pas aller à Paris.

Je dois travailler pendant les vacances.

6. 💬 **Je dis ce que je sais.**
Exemple : Je suis sûr(e) qu'il n'a pas reçu de cadeaux.

Les enfants vont
a. dire oui à la proposition de Jérôme.
b. dire non à la proposition de Jérôme.
c. réfléchir.

QUIZIX 16

7. 📖 **Je lis les nombres.**
100, 200, 222, 447, 1000, 1001, 2000, 2010.

➡ Je pratique

8. 💬 J'explique pourquoi.

9. 💬 Je réponds puis je pose la question à un(e) autre élève.

Phonix

10. 👂 👁 J'écoute et j'observe.

[w]	ki**w**i	pourqu**oi**	v**o**y**a**ge

[j]	champ**i**on	jui**ll**et	vo**y**age

[ɥ]	j**u**in	j**u**illet	l**u**i

11. 👂 💬 ☞ J'écoute, je répète et je montre [w], [j] et [ɥ].

En juillet, Antoine ne travaille pas. Louis s'ennuie pendant le voyage en Suisse.

Aujourd'hui, huit juin, c'est la journée mondiale des océans.

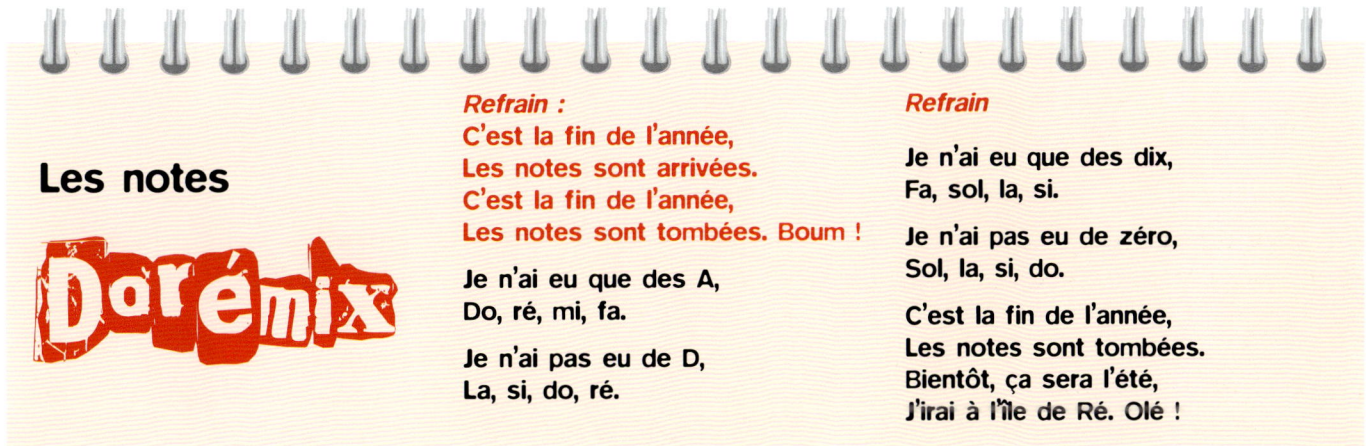

Les notes

Darémix

Refrain :
C'est la fin de l'année,
Les notes sont arrivées.
C'est la fin de l'année,
Les notes sont tombées. Boum !

Je n'ai eu que des A,
Do, ré, mi, fa.

Je n'ai pas eu de D,
La, si, do, ré.

Refrain

Je n'ai eu que des dix,
Fa, sol, la, si.

Je n'ai pas eu de zéro,
Sol, la, si, do.

C'est la fin de l'année,
Les notes sont tombées.
Bientôt, ça sera l'été,
J'irai à l'île de Ré. Olé !

On vote !

→ Je découvre

1. 👁 J'observe.

2. 👂 J'écoute.

3. 👂 ☞ J'écoute et je montre le dessin.

Bon, dans dix jours, vous serez en vacances. Que voulez-vous faire ?

Si vous n'arrivez pas à vous décider, il faut voter !

Je veux faire de l'acrobranche.

Je pourrai faire du canoë avec Théo.

➡ Je m'entraîne

4. 💡 💬 ☞ J'écoute, je répète et je montre le dessin.

5. 💬 Je dis ce que je ferai pendant les vacances.

Exemple : Dans un mois, je serai en vacances et je...

le cirque

la mer

le zoo

la montagne

Les lieux
la mer
la montagne
la campagne
le zoo
l'aquarium
la ferme

Les animaux
un crabe
un ours
un mouton
un singe
un poisson
une vache

6. 💬 Je formule un souhait.

Exemple : Qu'est-ce qu'il fait chaud cet après-midi ! Ce serait bien de...

un film

un jus de fruits

une sieste

une glace

La famille de Manon restera
a. 1 semaine chez Anne-Sophie et 2 semaines à l'île de Ré.
b. 2 semaines chez Anne-Sophie et 1 semaine à l'île de Ré.
c. 3 semaines chez Anne-Sophie.

7. 📖 Je lis les nombres.

100, 314, 451, 777, 898, 1000, 1900, 1989, 1998, 2000.

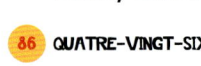

➡️ Je pratique

8. 💬 **Je fais des phrases au futur simple.**

Je vais à Paris.

La semaine prochaine, j'irai à Paris, moi aussi.

9. 💬 **Je réponds à la question.**

Qu'est-ce que tu feras pendant les vacances ?

aller à Saint-Malo jouer au volley-ball sur la plage visiter le Mont-Saint-Michel

J'irai à Saint-Malo, je jouerai au volleyball sur la plage et je visiterai le Mont-Saint-Michel.

Phonix

10. 👂 👁 **J'écoute et j'observe.**

[m]	mer	mois	animaux

[n]	non	année	animaux

11. 👂 💬 ☞ **J'écoute, je répète et je montre [m] et [n].**

Mercredi dernier, Bruno est allé au cinéma. L'amie de Marina aime les animaux.

Cette année, Hélène, la maman de Manon, ne veut pas aller à la mer.

Vote !

Poétix

Si tu aimes le cirque
Et faire de la gymnastique,
Lève le bras et vote,
Et dis : « Ça me botte ! »

Si tu aimes la natation
Et nager comme un poisson,
Lève le bras et vote,
Et dis : « Ça me botte ! »

Si tu aimes le canoë
Et ramer avec des pagaies,
Lève le bras et vote,
Et dis : « Ça me botte ! »

Si tu aimes le vélo
Et pédaler bien haut,
Lève le bras et vote,
Et dis : « Ça me botte ! »

Je découvre

1. 👁 J'observe.

2. 💡 J'écoute.

3. 💡💬 J'écoute et je répète les mots entendus.

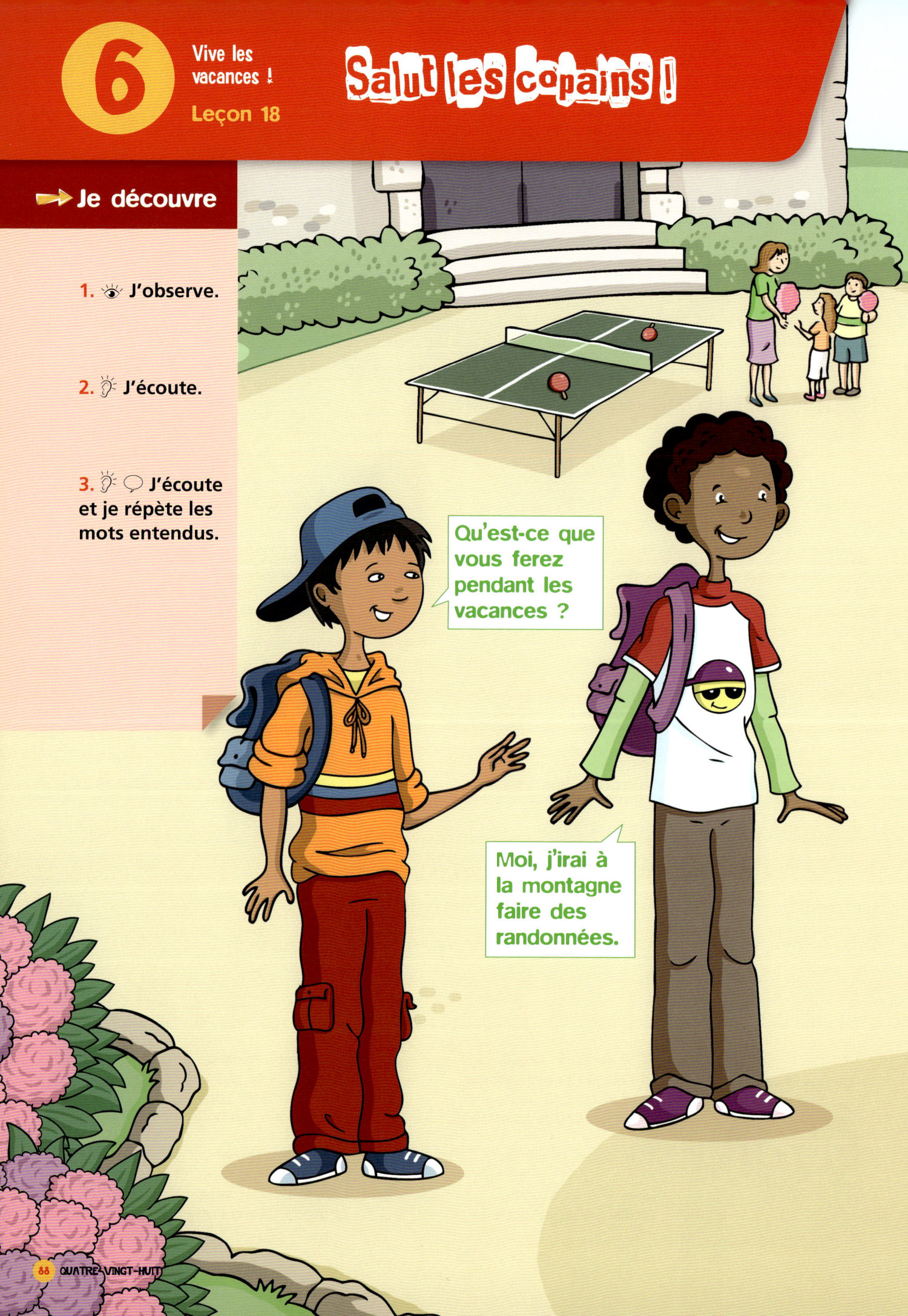

Qu'est-ce que vous ferez pendant les vacances ?

Moi, j'irai à la montagne faire des randonnées.

➡️ **Je m'entraîne**

4. 💡 💬 ☞ J'écoute, je répète et je montre le dessin.

Ben voilà, à partir de maintenant, on est en vacances.

Moi, j'irai voir mes grands-parents.

On va faire du camping à Bordeaux.

En plus, chez ma tante, il y a plein de BD.

Qu'est-ce que vous ferez pendant les vacances ?

Moi, j'irai à la montagne faire des randonnées.

Je t'enverrai une carte postale pour ta collection.

Bon, avant de se quitter, vous voulez faire une dernière partie de ping-pong ?

5. 💬 **Je dis ce que je ferai pendant les vacances.**
Exemple : Pendant les vacances, je pêcherai des crabes.

jouer au ping-pong   faire du canoë   se baigner

Des vœux pour l'été

Bonnes vacances !
Bon voyage !
Bon séjour !
Bon vent !
Amuse-toi bien !
Amusez-vous bien !
Profite bien de tes vacances !
Profitez bien de vos vacances !

6. 💬 **Je transforme l'exercice 5 à la forme négative.**
Exemple : Je ne pêcherai pas de crabes.

7. 📖 **Je lis quelques dates.**

La France a gagné la Coupe du monde de football en 1998.

En 1889, la tour Eiffel a été inaugurée.

La construction de Notre-Dame de Paris a commencé en 1163.

En 789, Charlemagne crée l'école gratuite.

Qu'est-ce que Félix fera pendant les vacances ?
a. Il jouera au ping-pong.
b. Il se baignera.
c. Il étudiera les grandes villes de France.

QUIZIX 18

⇒ Je pratique

8. 💬 **Je joue à faire le sourd.**

9. 💬 **Je joue au jeu des *Années Plus, Années Moins*.**

Phonix

10. 👂 👁 **J'écoute et j'observe.**

| [ɲ] | campa**gn**e | monta**gn**e | se bai**gn**er |

| [ŋ] | campi**ng** | footi**ng** | pi**ng**-pong |

11. 👂 💬 ☞ **J'écoute, je répète et je montre [ŋ] et [ɲ].**

Jean fait du footing autour du camping. Manon se baigne à Cagnes-sur-Mer.

En hiver, on va à la montagne. En été, on va à la campagne.

L'école est finie

Au revoir, les amis,
L'école est finie.
À nous, les vacances !

On range livres et cahiers,
On ferme l'école à clé.
À nous, les vacances !

La mer ou la montagne,
La ville ou la campagne,
Une belle carte postale !

Non, je n'oublierai pas,
Je vous enverrai de là-bas
Une belle carte postale !

Au poney-club,
on se promène.

À la campagne,
on observe les animaux.

À l'école du cirque,
on apprend des tours.

Au parc d'aventure,
on fait de l'acrobranche.

Au parc,
on fait du vélo.

Dans la rivière,
on fait du canoë.

À la mer,
on fait de la voile.

À la plage, on ramasse des
coquillages et des crabes.

À la piscine,
on fait de la natation.

Index lexical

Le numéro à gauche est le numéro de l'unité où le mot apparaît pour la première fois. Les adjectifs et les noms sont donnés au masculin et au féminin ; le pluriel est donné s'il est particulier. Uniquement les mots qui apparaissent dans le livre de l'élève et qui font l'objet d'un entraînement systématique figurent dans cet index.

adj.	adjectif	n. m.	nom masculin	pron.	pronom	v. pron.	verbe pronominal
adv.	adverbe	pl.	pluriel	v. intr.	verbe intransitif	v. tr.	verbe transitif
n. f.	nom féminin	p. p.	participe passé	v. irr.	verbe irrégulier		

	FRANÇAIS	ANGLAIS	ESPAGNOL	ARABE
A				
4	acheter (v. tr.)	to buy	comprar	اشترى
6	acrobranche (n. f.)	tree climbing	revolotear de un árbol a otro	تسلّق الأشجار
2	adorer (v. tr.)	to adore	adorar	عبد
1	âge (n. m.)	age	edad	عُمر
1	aimer (v. tr.)	to like, to love	amar, gustar	أحبّ
1	aller (v. intr. et irr.)	to go	ir	ذهب
1	ami, amie (n.)	friend	amigo, amiga	صديق، صديقة
1	an (n. m.)	year	año	عام
4	angine (n. f.)	sore throat, quinsy	angina	ذبحة لوزيّة
3	animal, animaux (n. m.)	animal	animal, animales	حيوان، حيوانات
3	année (n. f.)	year	año	سنة
2	anniversaire (n. m.)	birthday	cumpleaños	عيد مولد
2	août (n. m.)	August	agosto	آب، أغسطس
3	appareil photo (n. m.)	camera	cámara fotográfica	آلة تصوير
3	après-midi (n. m. ou f.)	afternoon	tarde	بعد ظهر
2	arc-en-ciel (n. m.)	rainbow	arco iris	قوس قزح
6	arriver (v. intr.)	to arrive	llegar	وصل
3	artiste (n. m. et f.)	artist	artista	فنّان
2	automne (n. m.)	autumn (UK), fall (US)	otoño	خريف
5	avis (n. m.)	opinion	opinión, parecer	رأي
1	avoir (v. tr. et irr.)	to have	haber, tener	له
4	avoir faim	to be hungry	tener hambre	شعر بالجوع
4	avoir le vertige	to feel dizzy	tener vértigo	أصيب بالدُوار
4	avoir peur	to be scared	tener miedo	خاف
4	avoir sommeil	to feel sleepy	tener sueño	شعر بالنُعاس
2	avril (n. m.)	April	abril	نيسان، أبريل
B				
3	badminton (n. m.)	badminton	bádminton	لعبة تنس الرّيشة
4	baguette (n. f.)	French stick of bread	barra	رغيف مستطيل
3	basket (n. m.)	basketball	baloncesto	كرة سلّة
3	ballon (n. m.)	ball	balón	كرة
1	bâton de colle (n. m.)	glue stick	barra de pegamento	إصبع غراء
3	beau, bel (devant voyelle ou h muet), belle, beaux, belles (adj.)	beautiful, handsome, pretty	hermoso, hermosa, guapo, guapa	جميل، جميلة
4	beurre (n. m.)	butter	mantequilla	زبدة
3	blanc, blanche (adj.)	white	blanco, blanca	أبيض، بيضاء
2	bleu, bleue (adj.)	blue	azul	أزرق، زرقاء
3	blond, blonde (adj.)	blond	rubio, ribia	أشقر، شقراء
6	boire (v. tr. et irr.)	to drink	beber	شرب
4	boîte (n. f.)	box	caja	علبة
4	bonbon (n. m.)	candy	caramelo	مليّس
4	bouche (n. f.)	mouth	boca	فم
4	boucherie (n. f.)	butcher's shop (UK), butcher's store (US)	carnicería	ملحمة
2	bouger (v. tr. et intr.)	to move	mover	تحرّك
2	bougie (n. f.)	candle	vela	شمعة
4	boulangerie (n. f.)	bakery, baker's shop	panadería	مخبز
4	bouteille (n. f.)	bottle	botella	قنّينة
4	bras (n. m.)	arm	brazo	ذراع
3	brun, brune (adj.)	brown	moreno, morena	أسمر، سمراء
3	bulletin de météo (n. m.)	weather report	parte meteorológico	نشرة جوّيّة
4	bureau, bureaux (n. m.)	desk	escritorio, oficina	مكتب
3	bus (n. m.)	bus	bus	حافلة
C				
6	cadeau, cadeaux (n. m.)	gift	regalo	هديّة
4	café (n. m.)	coffee	café	قهوة
1	cahier (n. m.)	exercise book	cuaderno	دفتر
4	cake (n. m.)	cake	bizcocho	كعكة، فطيرة
1	camarade (n. m. et f.)	schoolmate	compañero(ra) de escuela	زميل، زميلة
1	campagne (n. f.)	country	campo	ريف
6	camping (n. m.)	camping	camping	مخيّم
6	canoë (n. m.)	canoe, canoeing	canoa, piragüismo	زورق، سباق زوارق
4	carie (n. f.)	tooth decay	caries	تسوّس
1	cartable (n. m.)	schoolbag	cartera	حقيبة
3	carte de vœux (n. f.)	greetings card	tarjetas de felicitación	بطاقة تمنّيات
4	carte du monde (n. f.)	world map	mapa del mundo	خريطة العالم
6	carte postale (n. f.)	postcard	tarjeta postal, postal	بطاقة بريديّة
4	céréales (n. f. pl.)	(breakfast) cereal	cereales	حنطة
2	champion, championne (n.)	champion	campeón, campeona	بطل
3	châtain (adj.)	brown-haired	castaño, castaña	كستنائيّ
3	chaud, chaude (adj.)	hot	caliente	حارّ
6	cher (adv.)	expensive	caro	غالي الثَمن
4	cheveu, cheveux (n. m.)	hair	pelo, cabello	شعر
1	chocolat (n. m.)	chocolate	chocolate	شوكولاتة
6	cirque (n. m.)	circus	circo	سيرك
1	ciseaux (n. m. pl.)	scissors	tijeras	مقصّ
3	cité (n. f.)	city, town	ciudad	مدينة
0	classe (n. f.)	classroom	clase	صفّ
1	classeur (n. m.)	ring binder	carpeta	ملفّ
3	club (n. m.)	club	club	نادي
4	confiserie (n. f.)	sweet shop (UK), candy shop (US)	confitería	متجر سكاكر
3	connaître (v. tr. et irr.)	to know (about)	conocer	علم
3	content, contente (adj.)	happy	contento, contenta	سعيد، سعيدة
3	copain, copine (n.)	pal, friend	amigo, amiga, amigote	رفيق، رفيقة
3	corps (n. m.)	body	cuerpo	جسد
4	cou (n. m.)	neck	cuello	رقبة
4	course (n. f.)	race	carrera	سباق
4	courses (n. f. pl.)	shopping	compra	حوائج

	French	English	Spanish	Arabic
3	court, courte (adj.)	short	corto, corta	قصير، قصيرة
3	cousin, cousine (n.)	cousin	primo, prima	قريب، قريبة
4	crampe (n. f.)	cramp	calambre	تشنّج
1	crayon (à papier) (n. m.)	pencil	lápiz	قلم رصاص
4	crier (v. tr.)	to shout	gritar	صرخ
4	croissant (n. m.)	croissant	croissant	كرواسان

D

	French	English	Spanish	Arabic
3	danse (n. f.)	dance	baile	رقص
2	décembre (n. m.)	December	diciembre	كانون الأوّل، ديسمبر
6	décider (v. tr.)	to decide (on)	decidir	قرّر
6	déçu, déçue (p.p. et adj.)	disappointed	decepcionado, decepcionada	محبط، مُحبطة
2	déjeuner (n. m.)	lunch	almuerzo	غداء
2	déjeuner (v. intr.)	to have lunch	almorzar	تغدّى
4	dent (n. f.)	tooth	diente	سن
2	détester (v. tr.)	to hate	odiar, detestar	كره
2	devoir (n. m.)	homework	deberes, ejercicios	فرض
3	devoir (v. tr. et irr.)	to have to	deber	وجب
1	dico [dictionnaire] (n. m.)	dictionary	diccionario	قاموس
2	dimanche (n. m.)	Sunday	domingo	أحد
2	dîner (n. m.)	dinner	cena	عشاء
3	dinosaure (n. m.)	dinosaur	dinosaurio	ديناصور
1	dire (v. tr. et irr.)	to say	decir	قال
4	docteur (n. m.)	doctor	doctor, doctora	طبيب
4	doigt (n. m.)	finger	dedo	إصبع
2	dormir (v. intr. et irr.)	to sleep	dormir	نام
4	dos (n. m.)	back	espalda	ظهر
4	douleur (n. f.)	pain	dolor	ألم
6	drôle (adj.)	funny	divertido, divertida	مضحك، مضحكة

E

	French	English	Spanish	Arabic
4	eau, eaux (n. f.)	water	agua	ماء
1	école (n. f.)	school	escuela, colegio	مدرسة
1	effaceur (n. m.)	ink eraser	borrador de tinta	مزيل الحبر
1	élève (n. m. et f.)	pupil, student	alumno, alumna	تلميذ
4	embrasser (v. tr.)	to kiss	besar	قبّل
6	emmener (v. tr.)	to take along, to bring	llevar	اصطحب
2	emploi du temps (n. m.)	time-table, schedule	horario, programa de trabajo	برنامج عمل
2	enfant (n. m. et f.)	child	niño, niña	طفل
6	envoyer (v. tr. et irr.)	to send	enviar	أرسل
4	épicerie (n. f.)	grocery shop (UK), grocery store (US)	tienda de comestibles	مخزن بقالة
2	été (n. m.)	summer	verano	صيف
1	être (v. intr. et irr.)	to be	ser, estar	كان
3	exposition (n. f.)	exhibition	exposición	معرض

F

	French	English	Spanish	Arabic
1	faire (v. tr. et irr.)	to do	hacer	فعل،قام ب
2	faire sa toilette	to get washed	lavarse	اغتسل
1	famille (n. f.)	family	familia	عائلة
1	femme (n. f.)	woman	mujer	امرأة
3	fête (n. f.)	party	fiesta	احتفال
2	fêter (v. tr.)	to celebrate	celebrar, festejar	احتفل
2	février (n. m.)	February	febrero	شباط، فبراير
4	fièvre (n. f.)	fever	fiebre	حمّى
1	fille (n. f.)	girl, daughter	chica, muchacha, hija	فتاة
3	film (n. m.)	film (UK), movie (US)	película	فلم
6	fin (n. f.)	end	fin, final	نهاية
5	finir (v. tr.)	to finish	acabar, terminar	أنهى
3	flûte (n. f.)	flute	flauta	ناي
3	football (n. m.)	football	fútbol	كرة القدم
1	frangin, frangine (n.)	bro, sis	hermano, hermana	أخ، أخت
1	frère (n. m.)	brother	hermano	أخ
4	frisson (n. m.)	shiver	escalofrío	ارتعاش
3	froid, froide (adj.)	cold	frío	بارد، باردة
4	fromage (n. m.)	cheese	queso	جبنة

G

	French	English	Spanish	Arabic
1	garçon (n. m.)	boy	chico, muchacho	فتى
3	gare [routière] (n. f.)	station	estación de autobuses	محطّة
4	gâteau (n. m.)	cake, pastry	pastel	حلوى
4	genou (n. m.)	knee	rodilla	ركبة
6	glace (n. f.)	ice cream	helado	مثلوجة (بوظة)
5	globe-trotteur, globe-trotteuse (n.)	world-traveler	trotamundos	جوّال حول العالم
1	gomme (n. f.)	rubber, eraser	goma (de lápiz)	محّاة
4	gorge (n. f.)	throat	garganta	حنجرة
2	goûter (n. m.)	mid-afternoon snack	merienda	وجبة
3	grand, grande (adj.)	tall, big	grande, alto(a)	كبير، كبيرة
2	grandir (v. intr.)	to grow	crecer	كبُر
6	grands-parents (n. m. pl.)	grandparents	abuelos	أجداد
3	gros, grosse (adj.)	large, big	gran, grande, gordo(a)	بدين، بدينة
5	guide (n. m. et f.)	guide	guía	دليل
3	guitare (n. f.)	guitar	guitarra	قيثارة

H

	French	English	Spanish	Arabic
2	heure (n. f.)	hour, time	hora	ساعة
2	hiver (n. m.)	winter	invierno	شتاء
1	homme (n. m.)	man	hombre	رجل
4	hôpital, hôpitaux (n. m.)	hospital	hospital	مشفى

I

	French	English	Spanish	Arabic
6	île (n. f.)	island	isla	جزيرة
2	invitation (n. f.)	invitation	invitación	دعوة
2	inviter (v. tr.)	to invite	invitar	دعا
3	itinéraire (n. m.)	itinerary	itinerario	خط سير

J

	French	English	Spanish	Arabic
4	jambe (n. f.)	leg	pierna	ساق
2	janvier (n. m.)	January	enero	كانون الثّاني، يناير
2	jaune (adj. et n.)	yellow	amarillo, amarilla	أصفر، صفراء
2	jeudi (n. m.)	Thursday	jueves	خميس
5	jeune (adj. ou n. m. et f.)	young, young man / girl	joven	شابّ، شابّة
2	jour (n. m.)	day	día	يوم
2	journée (n. f.)	day	día	نهار
2	joyeux, joyeuse (adj.)	happy	alegre	سعيد، سعيدة
3	judo (n. m.)	judo	judo	جودو
2	juillet (n. m.)	July	julio	تمّوز، يوليو
2	juin (n. m.)	June	junio	حزيران، يونيو
3	jus (n. m.)	juice	zumo	عصير

L

	French	English	Spanish	Arabic
4	lait (n. m.)	milk	leche	حليب
4	langue (n. f.)	tongue, language	lengua	لسان
4	légume (n. m.)	vegetable	verdura	خضرة
1	liste (n. f.)	list	lista	لائحة
2	lit (n. m.)	bed	cama	سرير
1	livre (n. m.)	book	libro	كتاب
3	long, longue (adj.)	long	largo, larga	طويل، طويلة
2	lundi (n. m.)	Monday	lunes	إثنين
3	lunettes (n. f. pl.)	glasses	gafas	نظارات

M

	French	English	Spanish	Arabic
5	magique (adj.)	magical	mágico, mágica	سحريّ، سحريّة
2	mai (n. m.)	May	mayo	أيّار، مايو
1	main (n. f.)	hand	mano	يد
2	maison (n. f.)	house, home	casa	بيت
2	maîtresse (n. f.)	teacher	maestra, profesora	مدرّسة
4	mal (n. m.)	pain	(tener) dolor	ألم
4	malade (adj.)	ill, sick	enfermo, enferma	مريض، مريضة
4	maladie (n. f.)	illness	enfermedad	مرض
1	maman (n. f.)	mum (UK), mom (US)	madre	ماما
3	mamie [grand-mère] (n. f.)	granny, grannie [grandmother]	abuelita [abuela]	جدّة
2	manger (v. tr.)	to eat	comer	أكل
3	marché (n. m.)	market	mercado	متجر
2	mardi (n. m.)	Tuesday	martes	ثلاثاء
3	marron (adj.)	brown	marrón	بنّيّ، بنّيّة
2	mars (n. m.)	March	marzo	آذار، مارس
4	marteau à réflexes (n. m.)	reflex hammer	martillo de reflejos	مطرقة لردّات الفعل اللاّإراديّة
2	matin (n. m.)	morning	mañana	صباح
4	médecin (n. m.)	doctor	médico	طبيب
4	médicament (n. m.)	medicine	medicamento	دواء
6	mer (n. f.)	sea	mar	بحر
2	mercredi (n. m.)	Wednesday	miércoles	أربعاء
1	mère (n. f.)	mother	madre	أمّ
3	météo [météorologie] (n. f.)	weather forecast	meteorología	أحوال جوّية
3	métro (n. m.)	underground (UK), subway (US)	metro	قطار تحت الأرض
4	mettre (v. tr. et irr.)	to put	poner	وضع
2	midi (n. m.)	midday	mediodía	ظهر
3	mince (adj.)	thin, slim	delgado, delgada	نحيل
2	minuit (n. m.)	midnight	medianoche	منتصف اللّيل
2	mois (n. m.)	month	mes	شهر
6	montagne (n. f.)	mountain	montaña	جبل
3	montre (n. f.)	watch	reloj	ساعة
3	moyen de transport (n. m.)	means of transport	medio detransporte /de locomoción	وسيلة نقل
3	musée (n. m.)	museum	museo	متحف

N

	French	English	Spanish	Arabic
6	nager (v. intr.)	to swim	nadar	سبح
3	natation (n. f.)	swimming	natación	سباحة
5	nationalité (n. f.)	nationality	nacionalidad	جنسيّة
4	nausée (n. f.)	nausea	náusea	غثيان
2	né, née (p.p. et adj.)	born	nacido, nacida	وُلد
4	nez (n. m.)	nose	nariz	أنف
3	noir, noire (adj.)	black	negro, negra	أسود، سوداء
0	nombre (n. m.)	number	número	عدد
6	note (n. f.)	mark (UK), grade (US)	nota	علامة
1	nouveau, nouvel (devant voyelle ou h muet), nouvelle, nouveaux, nouvelles (adj.)	new	nuevo, nueva	جديد، جديدة
2	novembre (n. m.)	November	noviembre	تشرين الثّاني، نوفمبر

O

	French	English	Spanish	Arabic
6	océan (n. m.)	ocean	océano	محيط
2	octobre (n. m.)	October	octubre	تشرين الأوّل، أكتوبر
4	œil, yeux (n. m.)	eye	ojo	عين
4	œuf (n. m.)	egg	huevo	بيضة
2	orange (adj. et n.)	orange	naranja	برتقاليّ، برتقاليّة
2	ordinaire (adj.)	ordinary	ordinario, ordinaria	اعتياديّ
4	ordonnance (n. f.)	prescription	receta médica	وصفة طبيب
4	oreille (n. f.)	ear	oreja	أذن
4	organiser (v. tr.)	to organize	organizar	نظم
4	oublier (v. tr.)	to forget	olvidar	نسي
3	ouvrir (v. tr. et irr.)	to open	abrir	فتح

P

	French	English	Spanish	Arabic
6	pagaie (n. f.)	paddle	paleta, zagual	مجذاف
4	pain (n. m.)	bread	pan	خبز
4	pansement (n. m.)	(adhesive) plaster	venda	ضمادة
1	papa (n. m.)	dad	padre	بابا
3	papy [grand-père] (n. m.)	grandad [grandfather]	abuelito [abuelo]	جدّ
1	parc (n. m.)	park	parque	متنزه
3	parents (n. m. pl.)	parents	padres	أهل
5	participer à (v. intr.)	to take part in	asistir a, participar en	شارك
3	partir (v. intr. et irr.)	to go, to leave	partir, salir	غادر
4	pâtisserie (n. f.)	cake shop (UK), cake store (US)	pastelería	متجر حلوى
2	pays (n. m.)	country	país	بلد
6	pêcher (v. tr.)	to fish	pescar	اصطاد
3	peinture (n. f.)	painting	pintura	فنّ الرّسم
1	père (n. m.)	father	padre	أب
3	petit, petite (adj. ou n.)	small, little, short	pequeño, pequeña	صغير، صغيرة
2	petit-déjeuner (n. m.)	breakfast	desayuno	فطور
4	pharmacie (n. f.)	chemist's shop (UK), pharmacy, drugstore	farmacia	صيدليّة
1	photo (n. f.)	photo, picture	foto	صورة
3	piano (n. m.)	piano	piano	بيانو
4	pied (n. m.)	foot	pie	قدم
6	ping-pong (n. m.)	table tennis	ping pong, tenis de mesa	كرة الطّاولة
2	piscine (n. f.)	swimming-pool	piscina	مسبح
6	plage (n. f.)	beach	playa	شاطئ
6	pleurer (v. intr.)	to cry	llorar	بكى
4	poivre (n. m.)	pepper	pimienta	بهار
4	pomme (n. f.)	apple	manzana	تفاحة
4	poulet (n. m.)	chicken	pollo	دجاج
3	préférer (v. tr.)	to prefer	preferir	فضّل
2	prendre (v. tr. et. irr.)	to take, to get	tomar, coger	أخذ
3	préparer (v. tr.)	to make	preparar	جهّز
2	printemps (n. m.)	spring	primavera	ربيع
4	prochain, prochaine (adj.)	next	próximo(a), que viene	مقبل، مقبلة
6	promettre (v. tr. et irr.)	to promise	prometer	وعَد

R

	French	English	Spanish	Arabic
6	randonnée (n. f.)	hiking	senderismo, marcha	نزهة
5	recevoir (v. tr. et irr.)	to receive	recibir	تلقّى
1	règle (n. f.)	ruler	regla	مسطرة
5	rencontrer (v. tr.)	to meet	conocer, encontrarse con, encontrar	التقى
3	rendez-vous (n. m.)	appointment	cita	موعد
1	rentrée [des classes] (n. f.)	start of the (new) school year	la vuelta al colegio	الدخول إلى المدرسة
3	RER [réseau express régional] (n. m.)	rail system of Paris and suburbs	red de trenes de cercanías en París	شبكة قطارات محلّيّة سريعة
4	restaurant (n. m.)	restaurant	restaurante	مطعم
1	retrouvailles (n. f. pl.)	reunion	reencuentro	لقاء مجدّد
5	réunir (v. tr.)	to reunite	reunir	اجتمع
5	rêve (n. m.)	dream	sueño	حلم
2	réveille-matin [réveil] (n. m.)	alarm clock	despertador	منبّه
6	rigoler (familier) (v. intr.)	to laugh	reírse, bromear	سخِر من
4	riz (n. m.)	rice	arroz	أرزّ
4	rôti de bœuf (n. m.)	roast beef	rosbif	لحم بقر مشويّ
2	rouge (adj. et n.)	red	rojo, roja	أحمر، حمراء

S

	French	English	Spanish	Arabic
3	sac à dos (n. m.)	backpack	mochila	حقيبة ظهْر
2	saison (n. f.)	season	estación	فصل
4	salade (n. f.)	salad	ensalada	سلطة
2	samedi (n. m.)	Saturday	sábado	سبت
1	(s') appeler (v. pron.)	to be called	llamar(se)	يُدعى
6	(se) baigner (v. pron. intr.)	to go swimming	bañar(se)	سبح
4	(se) blesser (v. tr.)	to (be) hurt	herir(se)	انجرح
4	(se) casser (v. tr.)	to break off	romper(se)	انكسر
5	secret (n. m.)	secret	secreto	سرّ
4	sel (n. m.)	salt	sal	ملح
2	(se) lever (v. pron.)	to get up	levantar(se)	نهض
2	semaine (n. f.)	week	semana	أسبوع
2	(s') ennuyer (v. pron. et intr.)	to be bored	aburrir(se)	ملّ
2	septembre (n. m.)	September	septiembre, setiembre	أيلول، سبتمبر
6	(se) quitter (v. tr.)	to leave	dejar(se), separar(se)	غادر
2	(se) réveiller (v. pron.)	to wake up	despertar(se)	استيقظ
4	seringue (n. f.)	needle, syringe	jeringuilla	إبرة
1	servir à (v. intr. et irr.)	to be used for	servir para	يُستخدم ل
4	(se) sentir (v. pron. et irr.)	to feel	sentir(se)	شعر
5	(s') excuser (v. pron. et intr.)	to apologize	disculpar(se), excusar(se)	اعتذر
2	(s') habiller (v. pron.)	to get dressed	vestir(se)	ارتدى
5	(s') inscrire (v. pron.)	to register	matricular(se) en, inscribir(se) en	تسجّل
4	sirop (n. m.)	cough mixture	jarabe	شراب
1	sœur (n. f.)	sister	hermana	أخت
2	sonner (v. intr.)	to ring	sonar	قرع
2	souffler [une bougie] (v. tr.)	to blow out	soplar [una vela]	أطفأ
6	souhait (n. m.)	wish	deseo	تمنّي
3	spectacle (n. m.)	show	espectáculo	عرْض
1	sport (n. m.)	sport	deporte	رياضة
3	sportif, sportive (n. ou adj.)	sporty	deportista	رياضيّ، رياضيّة
2	station (n. f.)	station	estación, parada	محطّة
4	stéthoscope (n. m.)	stethoscope	estetoscopio	سمّاعة طبيب
1	stylo (n. m.)	pen	pluma, bolígrafo	قلم حبر
1	supermarché (n. m.)	supermarket	supermercado	متجر كبير
6	sûr, sûre (adj.)	sure	seguro, segura	متأكّد، متأكّدة

T

	French	English	Spanish	Arabic
4	table (n. f.)	table	mesa	طاولة
1	taille-crayon (n. m.)	pencil sharpener	sacapuntas	مبراة
3	tata [tante] (n. f.)	aunty, auntie [aunt]	tía	خالة، عمّة، امرأة عمّ
4	température (n. f.)	temperature	temperatura	حرارة
3	tennis (n. m.)	tennis	tenis	كرة مضرب
4	tensiomètre (n. m.)	blood pressure machine	tensiómetro	جهاز لقياس توتّرات الجسم
6	terminer (v. tr.)	to finish (off)	terminar, acabar	أنهى
4	test (n. m.)	test	test	اختبار
4	tête (n. f.)	head	cabeza	رأس
3	TGV [train à grande vitesse] (n. m.)	high speed train	tren de alta velocidad francés, AVE	قطار سريع
4	thé (n. m.)	tea	té	شاي
4	thermomètre (n. m.)	thermometer	termómetro	ميزان حرارة
6	tomber (v. intr.)	to fall (down)	caer, caerse	سقط
4	toubib (familier) (n. m.)	doc (doctor)	matasanos	طبيب
4	tour (n. f.)	tower	torre	برج
3	train (n. m.)	train	tren	قطار
5	travailler (v. intr.)	to work	trabajar, estudiar	عمل
1	tribu (n. f.)	tribe	tribu	قبيلة
6	trimestre (n. m.)	term	trimestre	فصْل
1	trousse (n. f.)	pencil case	estuche	مقلمة

V

	French	English	Spanish	Arabic
6	vacances (n. f. pl.)	holidays	vacaciones	عطلة
3	vélo (n. m.)	bike	bici	درّاجة
2	vendredi (n. m.)	Friday	viernes	جمعة
4	ventre (n. m.)	stomach	barriga, estómago	بطن
2	vert, verte (adj. et n.)	green	verde	أخضر، خضراء
4	viande (n. f.)	meat	carne	لحم
2	violet, violette (adj. et n.)	purple, violet	violeta	ليلكيّ
3	visiter, (v. tr.)	to visit	visitar	زار
5	voisin, voisine (n.)	neighbour	vecino, vecina	جار، جارة
4	volley(-ball) (n. m.)	volleyball	balonvolea	كرة المضرب
6	voter (v. intr.)	to vote	votar	اقترع
2	vouloir (v. tr.) et irr.	to want	querer	أراد
3	voyage (n. m.)	trip	viaje	سفر

W

	French	English	Spanish	Arabic
2	week-end (n. m.)	weekend	fin de semana	نهاية أسبوع

Y

	French	English	Spanish	Arabic
4	yaourt (n. m.)	yoghurt	yogurt	لبن رائب

Z

	French	English	Spanish	Arabic
6	zoo (n. m.)	zoo	zoo	حديقة حيوانات